日本商工会議所主催 簿記検定試験

検定 簿記 ワークブック

1級

渡部裕亘
片山　覚 [編著]
北村敬子

商業簿記・会計学 上巻

中央経済社

■検定簿記ワークブック　編著者・執筆者一覧

巻	編　成	編者（太字は主編者）			執　筆　者		
1級	商業簿記・会計学上巻	渡部　裕亘（中央大学名誉教授） 片山　　覚（早稲田大学名誉教授） **北村　敬子**（中央大学名誉教授）	北村　敬子		石川　鉄郎（中央大学名誉教授） 川村　義則（早稲田大学教授） 藤木　潤司（龍谷大学教授） 菅野　浩勢（早稲田大学准教授） 中村　英敏（中央大学准教授）		
	商業簿記・会計学下巻	渡部　裕亘（中央大学名誉教授） 片山　　覚（早稲田大学名誉教授） **北村　敬子**（中央大学名誉教授）	北村　敬子		石川　鉄郎（中央大学名誉教授） 小宮山　賢（早稲田大学教授） 持永　勇一（早稲田大学教授） 川村　義則（早稲田大学教授） 藤木　潤司（龍谷大学教授） 中村　英敏（中央大学准教授） 小阪　敬志（日本大学准教授）		
	工業簿記・原価計算上巻	**岡本　　清**（一橋大学名誉教授　東京国際大学名誉教授） 廣本　敏郎（一橋大学名誉教授）	廣本　敏郎		鳥居　宏史（明治学院大学名誉教授） 片岡　洋人（明治大学教授） 藤野　雅史（日本大学教授）		
	工業簿記・原価計算下巻	**岡本　　清**（一橋大学名誉教授　東京国際大学名誉教授） 廣本　敏郎（一橋大学名誉教授）	廣本　敏郎		尾畑　　裕（明治学院大学教授） 伊藤　克容（成蹊大学教授） 荒井　　耕（一橋大学大学院教授） 渡邊　章好（東京経済大学教授）		
2級	商業簿記	**渡部　裕亘**（中央大学名誉教授） 片山　　覚（早稲田大学名誉教授） 北村　敬子（中央大学名誉教授）	渡部　裕亘		三浦　　敬（横浜市立大学教授） 増子　敦仁（東洋大学准教授） 石山　　宏（山梨県立大学教授） 渡辺　竜介（関東学院大学教授） 可児島達夫（滋賀大学准教授）		
	工業簿記	岡本　　清（一橋大学名誉教授　東京国際大学名誉教授） **廣本　敏郎**（一橋大学名誉教授）	廣本　敏郎		中村　博之（横浜国立大学教授） 簗本　智之（小樽商科大学教授） 挽　　文子（元一橋大学大学院教授） 諸藤　裕美（立教大学教授） 近藤　大輔（法政大学教授）		
3級	商業簿記	渡部　裕亘（中央大学名誉教授） **片山　　覚**（早稲田大学名誉教授） 北村　敬子（中央大学名誉教授）	片山　　覚		森田　佳宏（駒澤大学教授） 川村　義則（早稲田大学教授） 山内　　暁（早稲田大学教授） 福島　　隆（明星大学教授） 清水　秀輝（羽生実業高等学校教諭）		

ま　え　が　き

　本書は，主として，日本商工会議所と各地商工会議所が主催する簿記検定試験（通称，日商簿記検定試験）1級を受験しようとする方たちの実力養成を目的として，執筆されたものである。

　商業簿記の学習では，取引の仕訳から財務諸表の作成までの計算技術を学び，その背景にある会計理論を取り上げるのが会計学である。そのため，これまでのワークブックは，商業簿記と会計学とを2分冊にして刊行していたが，読者の便宜のためには，この2冊を会計の領域別にまとめて出版したほうがよいとの判断に基づき，上巻において，財務諸表作成までの一般的な会計分野を，下巻において，金融商品，退職給付，企業結合等の特別な会計領域を取り上げている。

　姉妹書である『検定簿記講義』も同じ構成になっている。『検定簿記講義』が当該領域の要点や概略を説明した教科書タイプの書物であるのに対し，このワークブックは，練習問題中心の練習帳タイプの書物である。

　したがって，本書の利用にあたっては，『検定簿記講義』も併せて参考にしながら，本書の問題を電卓と筆記用具を使って，自分の力で解いてみるとよいであろう。本書は，日商簿記検定試験の出題区分表に準拠し，また最近の出題傾向にも配慮して編集されている。そのため，解答でわかりにくいと思われる箇所については，解説が示されている。1つ1つ着実に解いていくことにより，必ずや1人でも納得のいく学習ができるように配慮している。

　最後に，『検定簿記講義1級』に続いて，このワークブックを執筆していただいた先生方に心からお礼を申し上げるとともに，本書で学習されている方々が日商簿記検定試験に合格され，さらには税理士試験や公認会計士試験にも挑戦されて，各方面で活躍されることを祈っている。

　2024年2月

編　著　者

1

検定簿記ワークブック1級　商業簿記・会計学　下巻　　目次

〔問題編〕

当社ホームページに本書に関する情報を掲載しておりますので，ご参照ください。

「簿記ワークブック」で検索！

Q　簿記ワークブック　　検索

検定簿記ワークブック

1級 商業簿記・会計学

上巻 〔問題編〕

第 1 章
会計の意義と役割

学習のポイント

1　会計とは，情報の利用者が意思決定を行うのに役立つ情報を記録・測定・報告する一連のプロセスをいう。

2　会計の機能には，利害調整機能と意思決定有用性機能とがある。利害調整機能は，処分できる利益の大きさを計算し報告することによって履行されるのに対して，意思決定有用性機能においては，投資者等の意思決定者が投資意思決定等を行う際に役立つ情報の測定・報告に力点がおかれる。

3　制度会計には，会社法会計，金融商品取引法会計，法人税法会計の3つがある。

4　どちらかと言えば，会社法会計は，利害調整機能を重視しており，金融商品取引法会計が，意思決定有用性機能を重視している。

5　会計は情報利用者の観点から外部情報利用者を対象とする財務会計と，内部情報利用者を対象とする管理会計に区分することができる。

問題 1－1　以下の文章の（　）の中に，適当な言葉を入れなさい。

(1)　法律制度の枠の中で行われる会計を（　a　）会計といい，これには大きく分けて，すべての企業に適用される（　b　）会計と，主に大企業に適用される（　c　）会計と，課税所得を計算する（　d　）会計とがある。

(2)　会計を情報利用者の観点から区分すると，企業外部者に対する（　e　）会計と，企業内部者に対する（　f　）会計とからなる。

(3)　会計とは，情報の利用者が意思決定を行うのに役立つ情報を（　g　）し（　h　）し（　i　）する一連のプロセスをいう。

(4)　会計人が負っている責任を（　j　）責任という。この責任には，資金の委託者に対する責任を含んでおり，これを特別に（　k　）責任という。

(5)　法人税法における課税所得の算定は，会社法における企業利益の算定を基礎にする。これを（　l　）基準という。

a		b		c	
d		e		f	
g		h		i	
j		k		l	

問題 1-2　会計の役割について述べなさい。

会計公準と会計基準

学習のポイント

1　会計公準としては，企業実体の公準，継続企業の公準および貨幣的評価の公準の３つがある。

2　会計基準とは，一般に公正妥当と認められた会計処理の原則および手続を体系的に整理・要約したものである。

3　**わが国における会計基準**

(1)　企業会計審議会およびその前身で制定されたもの

①　「企業会計原則」

②　その他各種会計基準

(2)　財務会計基準機構の企業会計基準委員会で制定されたもの

①　企業会計基準第１号「自己株式及び準備金の額の減少等に関する会計基準」

②　その他各種企業会計基準

4　**２つの利益観**

(1)　資産負債観

(2)　収益費用観

5　**「企業会計原則」の構成**

(1)　前文

(2)　本文（一般原則，損益計算書原則，貸借対照表原則）

(3)　注解（全部で25）

6　**財務会計の概念フレームワーク**

概念フレームワークは，企業会計の基礎にある前提や概念を体系化したものである。わが国の概念フレームワークは，財務会計基準機構の企業会計基準委員会から，討議資料の形で公表されている。その構成は，次の４章よりなる。

第１章　財務報告の目的

第２章　会計情報の質的特性

第３章　財務諸表の構成要素

第４章　財務諸表における認識と測定

問題 2-1　以下の（　）の中に，適当な用語を記入しなさい。

　　会計基準や会計実務が立脚している暗黙の（　a　）を，（　b　）といい，これには（　c　）の公準，（　d　）の公準および（　e　）の公準の3つをあげることができる。（　d　）の公準から，派生的に生じるのが，（　f　）の公準である。

a		b	
c		d	
e		f	

問題 2-2　以下の一般原則に関する記述について，（　）の中に，適当な用語を記入しなさい。

(1)　企業会計は，企業の（　a　）及び（　b　）に関して（　c　）を提供するものでなければならない。

(2)　企業会計は，すべての取引につき，（　d　）の原則に従って，正確な（　e　）を作成しなければならない。

(3)　資本取引と（　f　）とを明瞭に区別し，特に（　g　）と（　h　）とを混同してはならない。

(4)　企業会計は，財務諸表によって，利害関係者に対し必要な会計事実を（　i　）に表示し，企業の状況に関する判断を誤らせないようにしなければならない。

(5)　企業会計は，その（　j　）を毎期継続して適用し，みだりにこれを変更してはならない。

(6)　企業の財政に（　k　）を及ぼす可能性がある場合には，これに備えて適当に（　l　）な会計処理をしなければならない。

(7)　株主総会提出のため，信用目的のため，租税目的のため等種々の目的のために（　m　）の財務諸表を作成する必要がある場合，それらの内容は，（　n　）会計記録に基づいて作成されたものであって，政策の考慮のために事実の（　o　）をゆがめてはならない。

a		b	
c		d	
e		f	
g		h	
i		j	
k		l	
m		n	
o			

問題 2-3 以下の一般原則のうち，会計処理に関する原則はa，表示に関する原則はb，両方
に関係するものはcの記号を付しなさい。

原　則	記　号
真実性の原則	
正規の簿記の原則	
剰余金区分の原則	
明瞭性の原則	
継続性の原則	
保守主義の原則	
単一性の原則	

第 3 章

資 産 会 計

学習のポイント

1 資産の意義とその認識基準

(1) 資産の意義

　資産とは，過去の取引または事象の結果として，報告主体が支配している経済的資源をいう。この経済的資源から経済的便益を享受できる。

(2) 資産の認識基準

　認識基準とは，資産の貸借対照表への計上基準をいい，これには蓋然性と測定可能性の2つが該当する。

2 資産の分類と測定

(1) 分　類

① 流動資産，固定資産，繰延資産

　この分類は，支払能力または財務流動性に着目した分類である。

② 貨幣性資産と費用性資産

③ 金融資産と事業用資産

(2) 測定の基準

① 取得原価

② 再調達原価

③ 時価

④ 正味実現可能価額

⑤ 割引現在価値

3 流動資産

(1) 意義と分類

　流動資産とは，現金その他短期的に換金化，費用化される資産をいう。流動資産は，大きく，次の3つに区分される。

① 当座資産：現金，預金，売掛金，受取手形，短期貸付金，一時的に所有する有価証券等

② 棚卸資産：商品，製品，半製品，原材料および貯蔵品等，通常の営業過程において販売を目的に保有または製造する財・用役

③ その他の流動資産：短期前払費用，未収収益等

(2) 棚卸資産の取得原価の決定

　棚卸資産は，取得時には，その取得のために要した対価の額すなわち取得原価によって入帳

価額が決定される。

(3) 棚卸資産の費用配分方法

① 数量（消費数量または棚卸数量）の計算

② 単価（消費単価または棚卸単価）の計算

③ その他の方法

(4) 棚卸減耗損と商品評価損

4 有形固定資産

(1) 固定資産の意義とその種類

① 有形固定資産：形のある固定資産

建物，構築物，機械装置，船舶，車両運搬具，工具器具備品，土地，建設仮勘定等がこれに属する。

② 無形固定資産：形のない法律上の権利等

営業権，特許権，地上権，商標権等

③ 投資その他の資産

子会社株式その他投資目的の有価証券，出資金，長期貸付金，長期前払費用等

(2) 取得原価の決定

① 購入の場合　　② 自家製造の場合　　③ 現物出資の場合

④ 交換の場合　　⑤ 受贈の場合

(3) 有形固定資産の費用配分

① 減価原因：a　物質的減価，b　機能的減価

② 減価償却方法：a　200％定率法，b　級数法

5 無形固定資産

(1) 意義と種類

① 法律上の権利　　② のれん

(2) 償　却

① 特許権，実用新案権，漁業権のような法律上の権利：法律で守られている期間にわたり償却

② のれん：20年以内にわたり，定額法その他の合理的な方法に基づいて規則的に償却

6 繰延資産

(1) 繰延資産の意義

繰延資産は，費用収益対応の原則を根拠として次期以降に繰り延べられる発生費用である。定義からわかるように，繰延資産は，収益費用観に基づいており，資産負債観に立脚しているわけではない。

(2) 種類と償却

① 株式交付費：3年以内に定額法

② 社債発行費等：社債の償還期間にわたり利息法（定額法でもよい）

③ 創立費と開業費：5年内に定額法

④ 開発費：5年内に定額法その他合理的な方法

問題 3-1 資産の意義および認識基準について述べられた下記の文章の（　）の中に，適当な用語を入れなさい。解答にあたっては，意味が同じであるならば，必ずしも討議資料「財務会計の概念フレームワーク」の用語どおりである必要はない。

(1) 資産とは，過去の（　a　）の結果として，報告主体が支配している（　b　）をいう。

(2) （　b　）とは，（　c　）の源泉をいう。

(3) 資産の意義に該当していても，（　d　）の基準に合致していなければ，必ずしも貸借対照表に当該資産が計上されるとは限らない。

(4) (3)の文章に該当するものとして，（　e　）をあげることができる。

	適　当　な　用　語
a	
b	
c	
d	
e	

問題 3-2 以下の資産は，a．流動資産またはb．固定資産のいずれに分類されるのかを，甲欄に記号で記入し，またその分類基準は，c．正常営業循環基準，d．1年基準，またはe．その他の基準のいずれによるのかを乙欄に記号で記入しなさい。

① 1年以内に期限の到来する前払費用

② 事業用に使用している車両

③ 耐用年数が1年未満となった備品

④ 保有する他社の社債で償還期限が1年未満となったもの

⑤ 満期日が決算日の翌日から起算して1年半後に到来する事業上の受取手形

⑥ 事業上発生した受取手形であるが，破産更生債権等に該当するもの

⑦ 未収利息

⑧ 1年以内に期限の到来する得意先への貸付金

⑨ 子会社株式

⑩ 不動産業者が販売目的で所有する不動産

	甲	乙		甲	乙
①			②		
③			④		
⑤			⑥		
⑦			⑧		
⑨			⑩		

問題 3-3 以下の問に答えなさい。

(1) 時価（公正価値）とは何か。

(2) 資産の中で，現行制度上，原則として時価で評価される代表的な資産は何か。下に掲げるものから1つ選び，その記号を記入するとともに，それが時価で評価される理由を述べなさい。

　　　a　有形固定資産　　　b　棚卸資産　　　c　金融資産

(1)	時価（公正価値）とは，
(2)	時価で評価される資産（　　　　）
	時価で評価される理由

問題 3-4 資産の評価基準としての再調達原価と正味実現可能価額との異同を簡潔に述べなさい。

	同じ点	異なる点
再調達原価		
正味実現可能価額		

問題 3−5 以下の資産の決算評価基準（会計処理を含む）を，下に掲げる中から選び，その記号を記入しなさい。解答にあたっては，採用されることのある原則的評価基準を掲げること。

① 売掛金　　　　　② 満期保有目的債券　　③ 土地

④ 商品　　　　　　⑤ 子会社株式　　　　　⑥ 売買目的有価証券

⑦ 備品　　　　　　⑧ 特許権

[評価基準その他の方法]

a　取得原価　　　　　b　回収可能額基準　　　　c　費用配分方法

d　償却原価法　　　　e　正味実現可能価額（時価を含む）　f　減損計上

	記　　号		記　　号		記　　号
①		②		③	
④		⑤		⑥	
⑦		⑧			

問題 3−6 棚卸資産に関する以下の文章について，正しい場合は○を，誤っている場合は×を付したうえで，誤っている箇所を正しい文章に変えなさい。

＜例＞ 引取費等の付随費用は，取得原価に算入するが，購入手数料等の付随費用は，取得原価に算入しない。

① 不動産販売業が所有する販売用の建物は，棚卸資産である。

② 棚卸資産を購入した場合，購入に要した利息は，原則として取得原価に算入する。

③ 贈与等によって棚卸資産を取得した場合，それを販売しない場合には，取得原価をゼロとすることも認められる。

④ トレーディング目的で所有する棚卸資産については，市場価額をもって貸借対照表価額とするが，評価差額はその他の包括利益として処理する。

	正誤	誤っている箇所	正しい文章
例	×	取得原価に算入しない。	取得原価に算入する。
①			
②			
③			
④			

問題 3-7 次の［資料］によって，損益計算書（営業利益まで）を作成し，また商品の貸借対照表価額を答えなさい。

［資料1］

決算整理前残高試算表（一部）　（単位：千円）

繰 越 商 品	6,000	売	上	72,300
仕 入	50,500			

［資料2］　決算整理事項等

1．期末商品帳簿棚卸数量は120個，期末商品実地棚卸数量は110個である。

2．期末商品の原価は@75千円である。

3．期末商品（良品）の売価は@70千円，見積販売直接経費は@2千円である。

4．実地棚卸数量のうち6個は品質が低下しているので，@50千円で評価する。

損 益 計 算 書　　　（単位：千円）

```
 Ⅰ  売  上  高                    (        )
 Ⅱ  売 上 原 価
      期首商品棚卸高      (        )
      当期商品仕入高      (        )
         合    計        (        )
      期末商品棚卸高      (        )
         差    引        (        )
      商 品 評 価 損      (        )    (        )
         売上総利益                  (        )
 Ⅲ  販売費及び一般管理費
      棚 卸 減 耗 損      (        )    (        )
         営 業 利 益                  (        )
```

商品の貸借対照表価額：(　　　　　　　) 千円

問題 3-8　［資料1］に示す商品Xの受渡しデータと［資料2］の決算整理事項に基づいて解答欄に記入しなさい。なお，金額に端数が生じた場合には単価を求める段階でそのつど小数点第1位を四捨五入し，当該端数は売上原価で調整のこと。また，売上原価は商品評価損等を加算する前の金額とする。

［資料1］　期中（4/1から翌年3/31）における商品Xの受渡しデータ

日付	摘　要	受入数量：箱	単価：円	金額：円	払出数量：箱
4/1	前期繰越高	20	180	3,600	
5/1	K社より仕入	100	186	18,600	
6/1	L社へ試供品として提供				4
7/1	M社より仕入	74	185	13,690	
12/1	品傷みにより廃棄				10
2/1	M社より仕入	50	189	9,450	
3/1	L社へ販売				200
	合　計	244		45,340	214

12

[資料2] 決算整理事項

1. 実地棚卸の数量は帳簿どおりであり，品質等にはまったく問題がない。

2. 商品Xの期末時価は1箱当たり182円である。

(単位：円)

ケース	会計方法	売上原価	商品廃棄損	商品評価損	試供品費
(ア)	総 平 均 法				
(イ)	移動平均法				
(ウ)	先入先出法				

問題 3-9

問1 当社は，棚卸資産の評価方法として売価還元原価法を採用している。次の［資料］によって，損益計算書の空欄の数値（単位：千円）を求めなさい。

[資料]

① 期首商品棚卸高 31,000千円（原価） ② 期首商品棚卸高 34,000千円（売価）

③ 当期仕入原価総額 153,250千円 ④ 原始値入額 83,500千円

⑤ 仕入戻し高 5,500千円（原価） ⑥ 仕入戻し高 9,000千円（売価）

⑦ 値上額 16,500千円 ⑧ 値上取消額 3,250千円 ⑨ 値下額 25,000千円

⑩ 当期売上高 219,000千円 ⑪ 売上戻り高 15,000千円

⑫ 期末商品実地棚卸高 44,000千円（売価） ⑬ 期末商品正味売却価額 28,100千円

損 益 計 算 書 （単位：千円）

Ⅰ 売 上 高		（　　　　）
Ⅱ 売 上 原 価		
期首商品棚卸高	（　　　　）	
当期商品仕入高	（　　　　）	
合 計	（　　　　）	
期末商品棚卸高	（　　　　）	
差 引	（　　　　）	
棚 卸 減 耗 損	（　　　　）	
商 品 評 価 損	（　　　　）	（　　　　）
売上総利益		（　　　　）

問2 問1の［資料］を用いて，当社が棚卸資産の評価方法として売価還元低価法を採用していた場合の商品評価損の金額と，商品の貸借対照表価額を計算しなさい。ただし，［資料］における⑬のデータは用いないものとし，当社は商品評価損を計上する方法によって計算しているものとする。

商品評価損	千円
貸借対照表価額	千円

問題 3-10 以下の ［資料］ に基づき，(1)切放し法による場合と(2)洗替え法による場合に分けて，決算に際し必要な仕訳を示すとともに，当期の棚卸減耗損と商品評価損の損益計算書への計上区分を述べなさい。ただし，棚卸減耗損と商品評価損については，認められる表示区分が複数ある場合は，すべてを述べること。

［資 料］

• 期首商品棚卸高 A商品 340個 原価 @700円

なお，期首商品の前期末正味売却価額は，@680円である。

このうち，135個は災害の発生に伴う商品の品質低下があり，前期末正味売却価額は@20円で，前期の損益計算書において当該品質低下に伴う商品評価損を特別損失に計上していた。また，それ以外に15個のA商品が店ざらしによる収益性の低下により，前期末の正味売却価額が@280円となっていた。

• 期末商品棚卸高 A商品 520個 原価@710円

なお，期末商品の実地棚卸数量は512個であり，その期末正味売却価額は，@730円である。期末商品のうち15個については品質低下が著しく，期末正味売却価額は，@400円である。

	借 方 科 目	金 額	貸 方 科 目	金 額
(1)				
(2)				

棚卸減耗損の表示区分	
商品評価損の表示区分	

問題 3-11 下記の［資料］に基づき，当期の貸借対照表に計上される(A)車両，(B)備品，(C)建物，(D)土地の金額をそれぞれ求めなさい。なお，当期は X2年3月31日を決算日とする。

［資 料］

1．X1年7月1日に車両の現物出資を受けた。

　　出資者における車両の帳簿価額：800,000円

　　交付した株式の発行価額：875,000円

　　車両の公正な評価額：875,000円

2．X1年9月1日に備品の贈与を受けた。

　　提供者における備品の帳簿価額：550,000円

　　備品の公正な評価額：570,000円

3．X2年1月1日に建物1,050,000円およびその付属設備150,000円を購入した。

4．X2年3月9日に有価証券と交換で土地（元の所有者における取得原価：1,450,000円，時価1,500,000円）を取得した。

　　有価証券の取得原価：1,300,000円

　　有価証券の時価：1,500,000円

5．減価償却に関する事項

	減価償却方法	耐用年数
車　　両	定額法	15年
備　　品	200％定率法	10年
建　　物	定額法	40年

　なお，上記の資産は取得日から営業の用に供した。また，定額法の残存価額は取得原価の10％とする。

(A)	車　　両	円
(B)	備　　品	円
(C)	建　　物	円
(D)	土　　地	円

以下の［資料］に基づき，当期（X1年4月1日～X2年3月31日）の各資産の減価償却費に関する仕訳を完成させなさい。ただし，計算過程で端数が生じる場合には，円未満を四捨五入とすること。

［資料1］

決算整理前残高試算表（一部） （単位：円）

建　　　　　物	1,000,000	建物減価償却累計額　　720,000
車　両　運　搬　具	840,000	車両運搬具減価償却累計額　432,000
備　　　　　品	500,000	備品減価償却累計額　　240,800
修　　繕　　費	300,000	

［資料2］

1. 各有形固定資産の減価償却等に関するデータは次のとおりである。なお，残存価額は取得原価の10%である。

	耐用年数	当期首までの経過年数	償却法
建　　物	50年	40年	定額法
車両運搬具	14年	5年	級数法
備　　品	7年	2年	定率法

2. 建物について，当期首に大規模な改修を行い，300,000円の小切手を振り出して支払っている。なお，支払額は全額を修繕費として処理している。改修の結果，当期首からの使用可能期間は25年となった。資本的支出分についてもその10%を残存価額とする。

3. 備品の償却法については，当期から旧定額法に変更することにした。なお，過年度までは最善の見積りを行っており，当期の減価償却費を計算するにあたっては変更後の残存耐用年数を使用する。

〔建　　物〕

借　方　科　目	金　　額	貸　方　科　目	金　　額

〔車両運搬具〕

借　方　科　目	金　　額	貸　方　科　目	金　　額

〔備　　品〕

借　方　科　目	金　　額	貸　方　科　目	金　　額

問題 3-13 X3年4月1日～X4年3月31日の会計期間において，決算整理後の(A)特許権，(B)商標権，(C)鉱業権，(D)借地権，それぞれの貸借対照表価額を以下の［資料］に基づき求めなさい。

［資料1］

決算整理前残高試算表（一部） （単位：円）

特 許 権	（推定）
商 標 権	112,000,000
鉱 業 権	140,000,000
借 地 権	60,000,000

［資料2］ 決算整理事項等

1．特許権は X1年1月1日に40,000,000円で取得したもので，法定存続期間20年で月割償却する。

2．商標権は X4年1月1日に取得したもので，法定残余期間8年で月割償却する。

3．鉱業権は X3年9月1日に取得したもので，生産高比例法によって償却する。この鉱山の推定埋蔵量は200,000トン，当期採掘量は13,750トンである。

4．借地権は X1年4月1日に60,000,000円で取得したものである。

(A)	特 許 権	円
(B)	商 標 権	円
(C)	鉱 業 権	円
(D)	借 地 権	円

問題 3-14 3月31日を決算日とする甲社は X1年4月1日に乙社を吸収合併した。そこで，以下の［資料］に基づき，純資産額法および収益還元価値法により算定した企業評価額，ならびに甲社の当期ののれん償却額を求めなさい。

なお，のれんの償却期間は20年とし，合併にあたって発行した甲社株式は全額資本金に含めることとする。

また，合併比率の算定は，帳簿価額に基づく純資産額法，および自己資本を基準とする収益還元価値法を折衷させて行う。

［**資料1**］　合併時における甲社の個別貸借対照表（時価含む）は以下のとおりである。（単位：円）

	簿　価	時　価		簿　価	時　価
諸　　資　　産	1,000,000	1,200,000	諸　　負　　債	500,000	600,000
			資　　本　　金	400,000	－
			繰越利益剰余金	100,000	－
合　　　　　計	1,000,000	－	合　　　　　計	1,000,000	－

［**資料2**］　合併時における乙社の個別貸借対照表（時価含む）は以下のとおりである。（単位：円）

	簿　価	時　価		簿　価	時　価
諸　　資　　産	600,000	700,000	諸　　負　　債	400,000	450,000
			資　　本　　金	150,000	－
			繰越利益剰余金	50,000	－
合　　　　　計	600,000	－	合　　　　　計	600,000	－

［**資料3**］　合併にかかわる諸条件

	甲　社	乙　社
発 行 済 株 式 総 数	2,500株	1,500株
自 己 資 本 利 益 率	4％	5％
資 本 還 元 率	16％	10％
1 株 当 た り 株 価	320円	300円

［**資料4**］　企業評価額の算定式

純 資 産 額 法：総資産　－　総負債
収益還元価値法：自己資本　×　自己資本利益率　÷　資本還元率

	甲　社	乙　社
純 資 産 額 法	円	円
収 益 還 元 価 値 法	円	円
の れ ん 償 却 額	円	

問題 3-15 次の［資料］に基づき，当期の貸借対照表上の「繰延資産の部」に計上される各資産の金額を求めなさい。なお，当社の決算日は３月末であり，当期は X2年４月１日〜X3年３月31日とする。

［**資料１**］ 当社の取引

１．X2年４月１日に会社設立に際して，普通株式を発行した。同時に，株式発行のための費用8,000,000円を現金で支払った。

２．X2年４月１日に設立され，その後，１カ月の開業準備期間を経て５月１日から部分開業，６月１日に全面開業した。１カ月の開業準備期間に開業を告知する広告費2,095,000円，水道光熱費1,730,000円，事務用消耗品費975,000円を現金で支払った。

３．X3年１月１日に市場の開拓のための費用18,000,000円を支出していたが，当期末に，当該市場の開拓について期待された支出の効果が得られないことがわかった。

４．X2年12月１日に新経営組織の採用を行い，37,800,000円を現金で支払った。

５．X3年２月１日に株式無償割当てを行い，株券発行費用として700,000円を現金で支払った。

６．X2年７月１日に新株予約権付社債を発行し，社債発行のために直接要した費用20,000,000円を支払っている。当該社債の償還期間は４年である。

［**資料２**］ 償却方法等

１．当社は上記の費用を可能な限り繰延資産に計上する方針である。

２．当社は定額法で月割償却を行い，償却可能な最長期間にわたって償却を行う。

創 立 費	円
開 業 費	円
開 発 費	円
株式交付費	円
社債発行費	円

第 **4** 章

負債会計

学習のポイント

1 企業会計における負債とは, 経済的資源を放棄もしくは引き渡す義務のことをさす。

2 貸借対照表では資産と同様に, 正常営業循環基準と1年基準に基づいて流動・固定分類を行う。

3 引当金の計上要件 (すべて満たした場合のみ, 計上しなければならない)

 (1) 将来の特定の費用または損失

 (2) その発生が当期以前の事象に起因

 (3) 発生の可能性が高い

 (4) 金額を合理的に見積ることができる

4 社債には, 資産として保有する債券と同様に償却原価法が適用される。また, 償還方法には満期償還だけではなく買入償還や定時償還がある。償還を行う際には, 期首から償還時までの償却原価法の処理も必要である。

5 資産除去債務は発生時に割引計算で計上するとともに, 計上した後も資産計上した部分の減価償却や利息費用の計上が必要である。また, 資産除去債務と資産計上した額はいずれも一時差異に該当し, 税効果の処理が必要である (問題4-6は税効果の処理があるため, 第9章を学習した後に解くことを勧める)。

問題 **4-1** 次の文章について正しい場合は○を記入し, 誤っている場合は×を記入するとともに正しい内容を答えなさい。

 (1) 保守的な会計処理を行い企業の財務健全性を高めるために, 債務保証契約を締結して保証人となった場合は債務保証損失引当金を計上しなければならない。

 (2) 負債を「過去の取引または事象の結果として, 報告主体が支配している経済的資源を放棄もしくは引き渡す義務, またはその同等物」と考えるならば, 修繕引当金は企業にとっての義務ではないため負債に該当しない。

 (3) 有形固定資産を取得した際に, 当該有形固定資産の除去に関して法令または契約で要求される法律上の義務が発生することがある。このような義務の履行によって生じる費用は, 費用収益対応の観点から当該有形固定資産の使用に応じて費用とそれに対する負債を計上する必要がある。

 (4) 資産除去債務の計算で用いる割引率は, リース取引と同様にその企業の追加借入利子率等を用いる。

 (5) 時の経過による資産除去債務の調整額は実質的な利息であるため, 損益計算書では営業外費用

の区分で表示する。

	正誤	正しい内容
(1)		
(2)		
(3)		
(4)		
(5)		

問題 4-2　次の一連の取引の仕訳を答えなさい。なお，入出金はすべて当座預金で行い，利息は月割り計算とする。また，計算上，円未満は四捨五入し，円単位で答えること。

(1) 20X1年7月1日に，額面1,000,000円の社債を発行価額：@94.40円，期間：3年，年利率：2％，利払日：毎年6月および12月末日の条件で発行した。また，社債発行費として30,000円を支払った。

(2) 20X1年12月末に利息に関する処理を行った。償却原価法の適用にあたっては利息法を適用し，実効利子率は年4％である。

(3) 20X2年3月末に決算をむかえ，必要な決算整理仕訳を行った。なお，社債発行費は繰延資産として処理し，認められる最長期間で定額法により償却する。

	借　方　科　目	金　　　額	貸　方　科　目	金　　　額
(1)				
(2)				
(3)				

問題 4−3 次の一連の取引の仕訳を答えなさい。なお，入出金はすべて当座預金で行い，利息は端数利息を除き月割り計算とする。また，計算上，円未満は四捨五入し，円単位で答えること。

(1) 20X1年10月1日に，額面5,000,000円の社債を発行価額：@95.00円，期間：5年，年利率：1％，利払日：毎年3月および9月末日の条件で発行した。

(2) 20X2年3月末に利息の支払いおよび決算整理仕訳の処理を行った。なお，償却原価法の適用にあたっては定額法を採用する。

(3) 20X3年6月12日に額面2,000,000円相当の社債を@101.00円（裸相場）で買入償還し，端数利息も含めた金額を支払った。

	借　方　科　目	金　　　額	貸　方　科　目	金　　　額
(1)				
(2)				
(3)				

問題 4−4 次の一連の取引の仕訳を答えなさい。なお，入出金はすべて当座預金で行う。また，税効果は無視するとともに，計算上，円未満は四捨五入し，円単位で答えること。

(1) 20X1年4月1日に借地の上に800,000円で構築物を設置し，同額を支払った。この構築物は土地所有者との契約により5年後に撤去する義務があり，撤去にかかる金額の見積りは150,000円，設置時の無リスク利子率は1％であった。

(2) 20X2年3月末に決算をむかえ，決算整理仕訳を行った。構築物の減価償却は定額法（耐用年数5年，残存価額0，最終年度は備忘価額を残さない）によって行う。

(3) 20X3年3月末に決算をむかえ，決算整理仕訳を行った。また，当初の予想を超える物価上昇により，撤去にかかる金額の見積りを200,000円に変更した。なお，20X3年3月末の無リスク利子率は2％であった。

(4) 20X4年3月に決算をむかえ，決算整理仕訳を行った。

(5) 20X6年3月末に構築物を撤去した。撤去にかかった金額として220,000円を支払った。

	借　方　科　目	金　　額	貸　方　科　目	金　　額
(1)				
(2)				
(3)				
(4)				
(5)				

問題 4-5　次の一連の取引の仕訳を答えなさい。なお，入出金はすべて当座預金で行う。また，税効果は無視するとともに，計算上，円未満は四捨五入し，円単位で答えること。

(1) 20X1年4月1日に機械装置を300,000円で取得し，代金を支払って設置した。この機械装置は3年後に撤去する予定であるが，使用期間にわたって土壌汚染が発生し，撤去時にこの汚染も除去する義務がある。除去にかかる金額は合計30,000円と見積られる（1年当たり10,000円発生する）。

(2) 20X2年3月末に決算をむかえ，決算整理仕訳を行った。機械の減価償却は定額法（耐用年数3年，残存価額0，最終年度は備忘価額を残さない）により行う。資産計上した除去費用は当該計上時期と同一の期間に費用処理する。なお，割引率は便宜上，全期間を通じて2％で変化がないものとする。

(3) 20X3年3月末に決算をむかえ，決算整理仕訳を行った。

(4) 20X4年3月末に機械装置を撤去した。撤去にかかった金額は当初見積額と同額である。

	借　方　科　目	金　　額	貸　方　科　目	金　　額
(1)				
(2)				
(3)				
(4)				

問題 4-6 次の一連の取引の仕訳を答えなさい。なお，入出金はすべて当座預金で行う。また，税効果会計を適用するにあたり実効税率は40％とし，繰延税金資産の回収可能性は問題ないものとする。計算上，円未満は四捨五入し，円単位で答えること。

(1) 20X1年期首に賃借している土地の上に建設会社に依頼して店舗（建物）を2,000,000円で建設し，代金を支払って引渡しを受けた。土地は3年後に更地に戻して返却する契約であり，建物の撤去等にかかる支出は200,000円と見積られる。また，引渡しを受けたときの無リスク利子率は3％である。

(2) 20X1年期末の決算整理仕訳を行う。建物の減価償却は，耐用年数3年，残存価額0円（最終年度に備忘価額は残さない）の定額法により行う。なお，減価償却の方法および耐用年数は税法上の取扱いと同一であるものと仮定する。

(3) 20X2年期末の決算整理仕訳を行う。

(4) 20X3年期末に建物の撤去を行い，撤去の代金として業者に200,000円支払った。

	借 方 科 目	金 額	貸 方 科 目	金 額
(1)				
(2)				
(3)				
(4)				

第 **5** 章

純資産会計

学習のポイント

1　純資産とは，資産と負債の差額である。純資産は，株主資本と株主資本以外の純資産項目に区分される。

2　株主資本とは，株主に帰属する資本のことである。株主資本は，資本金，資本剰余金，利益剰余金に区分される。さらに，資本剰余金は資本準備金とその他資本剰余金に，また，利益剰余金は利益準備金とその他利益剰余金（任意積立金と繰越利益剰余金）に区分される。一方，株主資本以外の純資産項目には，評価・換算差額等，株式引受権，新株予約権がある。

3　株式会社の資本金とは，会社の債権者を保護するために会社が維持すべき株主資本の最低限度額として会社法が特に定める金額のことである。

4　実質的増資には，①通常の新株発行による増資，②新株予約権の行使による増資，③吸収型再編による増資がある。また，形式的増資には，①準備金の資本組入れによる増資，②剰余金の資本組入れによる増資がある。

5　実質的減資は事業規模の縮小を主な目的として行われるものであり，その典型に株式の買入消却による減資がある。また，形式的減資は欠損の塡補を主な目的として行われるものであり，その典型に株式の併合による減資がある。

6　自己株式処分差益はその他資本剰余金に計上し，自己株式処分差損はその他資本剰余金から減額する。自己株式を消却したときも，当該自己株式の帳簿価額をその他資本剰余金から減額する。決算日に保有する自己株式は，株主資本に対する控除項目として，株主資本の区分の末尾に記載する。

7　株式会社は，分配可能額の範囲内で，剰余金の配当を行うことができる。剰余金の配当には，払込資本の払戻しを表すその他資本剰余金の配当と，稼得資本の分配（利益配当）を表すその他利益剰余金の配当がある。なお，その他資本剰余金の配当を行うときは，同時に一定の要領でその他資本剰余金から資本準備金を計上する必要があり，また，その他利益剰余金の配当を行うときは，同時に一定の要領でその他利益剰余金から利益準備金を計上する必要がある。

8　評価・換算差額等とは，資産や負債を時価評価（または換算）することによって生ずる評価差額（または換算差額）などで，損益計算書における純損益の計算には算入されず，貸借対照表の純資産の部に直接計上される項目のことである。評価・換算差額等に該当する項目には，①その他有価証券評価差額金，②繰延ヘッジ損益，③土地再評価差額金がある。

9　新株予約権とは，株式会社に対して行使することにより，当該会社の株式の交付を受けることができる権利のことである。権利の行使が行われておらず，また失効もしていない新株予約権が

決算日にある場合には，純資産の部の末尾にその帳簿価額で記載される。

10　株主資本等変動計算書は，株主資本の各項目を中心に，純資産の部の一会計期間における変動額を明らかにするために作成される財務諸表である。

問題 5-1　次の文章(1)〜(5)について，正しいものには○を，誤っているものには×を，下記の解答欄に記入しなさい。

(1)　純資産とは，資産と負債の差額のことである。株式会社の純資産は，会社の所有主である株主に帰属する資本を表す株主資本と株主資本以外の純資産項目に大別される。

(2)　株主資本は，それをもたらした取引に着目すると，資本取引からもたらされた払込資本と損益取引からもたらされた稼得資本に区分できる。このうち，払込資本を表す株主資本は，さらに資本金と資本準備金に区分することができる。

(3)　法定準備金とは，会社法が資本金に準じて維持拘束すべき金額として定めた準備金のことである。法定準備金には資本準備金と利益準備金があるが，どちらも配当不能な剰余金の部分を表しているので，それらは資本剰余金に属する項目として分類される。

(4)　損益取引からもたらされた稼得資本を表す剰余金のことを利益剰余金という。利益剰余金は，さらに配当不能な利益準備金と配当可能なその他利益剰余金に区分される。なお，その他利益剰余金は，配当を行わずに未処分のまま次期に繰り越している繰越利益剰余金の金額を表している。

(5)　個別貸借対照表の場合，株主資本以外の純資産項目には，評価・換算差額等，株式引受権，新株予約権がある。このうち評価・換算差額等とは，純資産に直入される評価差額や換算差額などのことであり，これに該当する項目には，その他有価証券評価差額金などがある。

(1)		(2)		(3)		(4)		(5)	

問題 5-2　次の文章の空欄①〜⑩にあてはまる適切な語句を，下記の選択肢の中から選び，解答欄に記入しなさい。

(1)　株式会社の資本金とは，会社の（　①　）を保護するために会社が維持すべき株主資本の最低基準額として（　②　）が特に定めた金額を表している。

(2)　増資には，株主資本の総額も同時に増加する実質的増資と株主資本の構成内容が変わるだけでその総額には変化が生じない形式的増資がある。このうち，前者の実質的増資には，（　③　）の新株発行による増資，（　④　）の行使による増資，（　⑤　）型再編による増資がある。また，後者の形式的増資には，（　⑥　）の資本組入れによる増資や剰余金の資本組入れによる増資がある。

(3)　減資にも，株主資本の総額が同時に減少する実質的減資と株主資本の構成内容が変わるだけでその総額には変化が生じない形式的減資がある。このうち，前者の実質的減資の典型には，株式の（　⑦　）による減資がある。また，後者の形式的減資の典型には，株式の（　⑧　）による減資がある。

(4) 募集株式の発行にあたって申込証拠金の払込みを受けたときは，新株式申込証拠金として処理し，株式の（　⑨　）期日に資本金に振り替える。また，決算日に（　⑩　）期日経過後の新株式申込証拠金がある場合には，貸借対照表の純資産の部において資本金の次に記載する。

（選択肢）

　　買入消却　会社自身　会社法　株主　吸収　金融商品取引法　公開　債権者　準備金　上場
　　譲渡　新株予約権　新設　通常　積立金　投資家　特殊　発行　払込　併合　募集　申込

①		②	
③		④	
⑤		⑥	
⑦		⑧	
⑨		⑩	

問題 5−3　次の各取引の仕訳を示しなさい。

(1) 株主総会の決議により，資本準備金1,500,000円を減少させ，資本金に組み入れた。

(2) 株主総会の決議により，その他資本剰余金1,800,000円を減少させ，資本金に組み入れた。

	借　方　科　目	金　　額	貸　方　科　目	金　　額
(1)				
(2)				

問題 5−4　次の一連の取引について，仕訳を示しなさい。

(1) 株式の買入消却による減資を行うために，発行済株式の総数20,000株（資本金の総額15,000,000円）のうち3,000株を1株当たり720円の価額で買い入れ，代金は小切手を振り出して支払った。

(2) 上記で買い入れた株式を消却し，それに見合う資本金を減少させた。なお，資本金の減少額はその他資本剰余金として処理する。

	借　方　科　目	金　　額	貸　方　科　目	金　　額
(1)				
(2)				

問題 5-5 次の取引について仕訳を示しなさい。

　発行済株式の総数40,000株（資本金の総額24,000,000円）について，5株を4株に併合して発行済株式数を減少させるとともに，それに見合う減資を行い，繰越利益剰余金の借方残高（繰越損失の金額）4,500,000円を塡補した。なお，資本金の減少額はその他資本剰余金として処理する。

借 方 科 目	金 額	貸 方 科 目	金 額

問題 5-6 次の各場合において，必要となる利益準備金の計上額を答えなさい。

(1) 資本金10,000,000円，資本準備金1,600,000円，利益準備金950,000円のときに，その他利益剰余金の配当400,000円を行う場合

(2) 資本金10,000,000円，資本準備金1,500,000円，利益準備金950,000円のときに，その他利益剰余金の配当400,000円を行う場合

(3) 資本金10,000,000円，資本準備金1,400,000円，利益準備金1,080,000円のときに，その他利益剰余金の配当400,000円を行う場合

(1)	円	(2)	円	(3)	円

問題 5-7 次の取引について，仕訳を示しなさい。

　株式会社A社（資本金50,000,000円，資本準備金5,800,000円，その他資本剰余金18,500,000円，利益準備金2,600,000円，繰越利益剰余金28,500,000円）は，株主に対して総額40,000,000円の配当を行うことを決定した。なお，配当の内訳は，その他資本剰余金の配当15,000,000円，その他利益剰余金（繰越利益剰余金）の配当25,000,000円である。

借 方 科 目	金 額	貸 方 科 目	金 額

問題 5-8 次の文章(1)〜(5)について，正しいものには○を，誤っているものには×を，下記の解答欄に記入しなさい。

(1) 自己株式は，取得原価で評価し，株主資本に対する控除項目として処理する。なお，自己株式の取得原価には，支払手数料などの付随費用も含めるのが原則である。

(2) 自己株式の処分によって差益が生じたときは，繰越利益剰余金に計上し，また自己株式の処分によって差損が生じたときは，繰越利益剰余金から減額する処理を行う。

(3) 株式会社は，分配可能額の範囲内で，剰余金の配当を行うことができる。なお，剰余金の配当には，利益の配当だけでなく，株主に対する資本の払戻しを意味する配当も含まれる。

(4) 新株予約権とは，株式会社に対して行使することにより，当該会社の株式の交付を受けることができる権利のことである。なお，この場合の株式の交付とは，新株の発行による株式の交付を意味しており，自己株式の処分による株式の交付は含まれない。

(5) 株主資本等変動計算書とは，一会計期間における純資産の変動を報告するための財務諸表であり，株主資本を構成する各項目の変動額だけでなく，株主資本以外の純資産項目の変動額も表示される。

(1)		(2)		(3)		(4)		(5)	

問題 5-9 次の一連の取引について，仕訳を示しなさい。

(1) 自社発行の株式2,500株を1株当たり600円の価額で取得し，買入手数料50,000円とともに，小切手を振り出して支払った。

(2) 上記の株式のうち2,000株を1株当たり570円の価額で処分し，代金は当座預金とした。

(3) 上記の株式の残り500株を消却した。

(4) 決算となり，必要な会計処理を行う。なお，その他資本剰余金の期首残高は210,000円であり，当期中に上記(2)および(3)の取引を除いて，その他資本剰余金に増減をもたらす取引は生じていない。

	借 方 科 目	金 額	貸 方 科 目	金 額
(1)				
(2)				
(3)				
(4)				

問題 **5-10** 次の資料により，下記の問いに答えなさい。

　株式会社Ａ社の決算日（Ｘ年３月31日）における純資産総額は620,000,000円であり，その内訳は次のとおりであった。なお，Ａ社は，のれん50,000,000円と繰延資産20,000,000円を資産計上している。

　　　資本金　　　400,000,000円　　　資本準備金　　　60,000,000円　　　その他資本剰余金　50,000,000円

　　　利益準備金　20,000,000円　　　任意積立金　100,000,000円　　　繰越利益剰余金　　30,000,000円

　　　自己株式　△50,000,000円　　　その他有価証券評価差額金　10,000,000円

　なお，株式会社Ａ社は，決算日後のＸ年５月10日に，自己株式の一部（帳簿価額5,000,000円）を6,000,000円の価額で処分している。

問１　決算日における(1)のれん等調整額と(2)資本等金額を計算しなさい。

問２　決算日の分配可能額の計算にあたって控除すべき，のれん等調整額にかかわる減算額を計算しなさい。

問３　決算日の分配可能額を計算しなさい。

問４　Ｘ年６月30日における分配可能額を計算しなさい。なお，決算日からＸ年６月30日までの間，Ｘ年５月10日における自己株式の処分以外に，分配可能額の計算に影響を与える取引は行われていないものとする。

問1	(1)		円	(2)		円
問2			円	問3	円	問4	円

30

問題 5-11 次の一連の取引について，仕訳を示しなさい。

(1) 新株予約権を発行し，払込金6,000,000円は当座預金とした。なお，新株予約権の行使価格の総額は10,000,000円である。

(2) 上記の新株予約権のうち40%（帳簿価額2,400,000円）について権利が行使されたので，新株を発行して割当てを行った。また，権利行使に伴う払込金は当座預金とした。なお，会社法が認める最低額を資本金とする。

(3) 上記の新株予約権のうち20%（帳簿価額1,200,000円）について権利が行使されたので，自己株式（帳簿価額2,800,000円）を処分して株式の交付を行った。また，権利行使に伴う払込金は当座預金とした。

(4) 残りの新株予約権（帳簿価額2,400,000円）については権利が行使されず，失効したので，適切な会計処理を行う。

	借 方 科 目	金 額	貸 方 科 目	金 額
(1)				
(2)				
(3)				
(4)				

問題 5-12 次の一連の取引について，下記の問いに答えなさい。なお，会計期間は1年，決算日は3月31日である。

(1) X1年4月1日，額面総額10,000,000円の転換社債型の新株予約権付社債（期間5年）を額面100円につき90円で発行し，受け取った払込金は当座預金とした。

(2) X2年3月31日，決算にあたり，上記の社債について償却原価法（定額法）による処理を行う。

(3) X2年4月1日，上記の社債のすべてについて新株予約権の権利が行使されたので，新株を発行した。なお，会社法が認める最低額を資本金とする。

問1 一括法による仕訳を示しなさい。

問2 区分法による仕訳を示しなさい。なお，新株予約権付社債の発行に伴う払込金額のうち，額面100円につき80円を社債の対価部分に，額面100円につき10円を新株予約権の対価部分に区分する。

問1

	借 方 科 目	金　　額	貸 方 科 目	金　　額
(1)				
(2)				
(3)				

問2

	借 方 科 目	金　　額	貸 方 科 目	金　　額
(1)				
(2)				
(3)				

問題 5-13　次の取引について，下記の問いに答えなさい。なお，会計期間は1年，決算日は3月31日である。

　X1年6月30日，株主総会を開催し，従業員10名に対して，1人当たり200個のストック・オプションを付与することを決定した。ストック・オプションの行使により与えられる株式の数は合計2,000株である。なお，付与日はX1年7月1日，権利確定日はX2年6月30日，権利行使期間はX2年7月1日～X3年6月30日，行使価格は1個当たり20,000円である。また，付与日におけるストック・オプションの公正な評価額は，1個当たり4,000円である。

問1　X2年3月31日，決算にあたり，ストック・オプションにかかわる当期の費用を計上するための仕訳を示しなさい。

問2　X2年6月30日，権利確定日となり，従業員10名に対して付与されたストック・オプションの権利が確定した場合における，ストック・オプションにかかわる当期の費用を計上するための仕訳を示しなさい。

	借 方 科 目	金　　額	貸 方 科 目	金　　額
問1				
問2				

学習のポイント

1 収益と費用

(1) **収益**とは，特定期間における純資産の増加を生じさせる資産の増加または負債の減少（資本取引によるものを除く）をいう。

(2) **費用**とは，特定期間における純資産の減少を生じさせる資産の減少または負債の増加（資本取引によるものを除く）をいう。

(3) **資本取引**とは，当該企業の純資産に対する持分所有者との直接的な取引をいう。

(4) 当該企業の純資産に対する持分所有者には，当該企業の株主のほか当該企業の発行する新株予約権の所有者が含まれる（連結財務諸表においては，さらに当該企業の子会社の非支配株主も含まれる）。

2 純利益と包括利益

(1) **純利益**とは，特定期間の期末までに生じた純資産の変動額（資本取引による部分を除く）のうち，その期間中に投資のリスクから解放された部分をいう。純利益は，損益計算書等において，特定期間に計上された収益の合計から費用の合計を控除した差額として計算される。

(2) **包括利益**とは，特定期間における純資産の変動額（資本取引による部分を除く）をいう。包括利益は，包括利益計算書等において，純利益にその他の包括利益の内訳項目を加減した額として計算される。

3 収益および費用の認識基準に関する基本原則

(1) **発生主義**とは，費用や収益はその発生の事実に基づいて認識しなければならないとする考え方をいう。費用は原則として発生主義によって認識しなければならない。

(2) **実現主義**とは，収益はその実現の事実に基づいて認識しなければならないとする考え方をいう。収益は原則として実現主義によって認識しなければならない。なお，実現とは，次の2つの要件を満たすことをいう。

① 財やサービスの提供

② 対価としての貨幣性資産の受領

(3) **費用収益対応の原則**とは，適正な期間損益計算を行うために，対応関係にある収益と費用とは同一の会計期間に認識しなければならないという原則である。収益と費用の対応関係は，個別的対応（プロダクト的対応）と期間的対応（ピリオド的対応）という2通りの形態をとる。収益と費用のミスマッチが生じる場合には，費用収益対応の原則に基づき，費用と収益の原則的な認識基準を修正する特殊な会計処理の適用が要求または許容されることがある。

4 損益計算書の表示基準に関する基本原則

(1) 損益計算書の末尾に表示すべき最終損益に対する考え方としては，当期業績主義と包括主義という２つの立場がある。わが国の会計基準では，このうち包括主義が採用されている。

① 当期業績主義とは，企業の通常の活動から毎期反復的に生じる経常利益を損益計算書の最終損益とみなす立場をいう。

② 包括主義とは，一会計期間に発生したすべての収益および費用を含めて計算した当期純利益を損益計算書の最終損益とみなす立場をいう。

(2) 総額主義の原則とは，損益計算書においては，原則として，収益と費用は総額で表示しなければならないという原則である。

(3) 費用収益対応の原則とは，費用および収益は，その発生源泉に従って明瞭に分類し，各収益項目とそれに関連する費用項目とを損益計算書に対応表示しなければならないという原則である。

5 損益計算書の区分表示

(1) 費用収益対応の原則に従い，損益計算書には，営業損益計算，経常損益計算および純損益計算の区分が設けられ，各区分において関連する収益項目と費用項目が対応表示される。

(2) 損益計算書の各区分の小計または合計として，売上総利益，営業利益，経常利益，当期純利益といったさまざまな利益数値が段階的に表示される。

問題 6−1 次の文章について，正しいものには○を，誤っているものには×を解答欄の正誤欄に記入しなさい。また，誤っているものについては，その理由を簡潔に述べなさい。

(1) 製造工業の場合の売上原価は，当期に完成した製品等の製造原価を表す。

(2) 為替差損益は，損益計算書の特別利益または特別損失に計上される。

(3) 個別財務諸表では，包括利益の表示は導入されていない。

(4) 投資のリスクからの解放の考え方によれば，その他有価証券の時価評価損益は，発生時に純利益に計上すべきこととなる。

(5) 当期業績主義の立場からは，臨時的に発生する特別利益や特別損失は，損益計算書には計上すべきではないとされる。

	正誤	理　　由
(1)		
(2)		
(3)		
(4)		
(5)		

問題 6-2　　次の文章について，正しいものには○を，誤っているものには×を解答欄の正誤欄に記入しなさい。また，誤っているものについては，その理由を簡潔に述べなさい。

(1)　当期の純利益には，前期以前に生じた純資産の変動額が含まれる場合もある。

(2)　現時点でいまだ発生していない将来の収益や費用を損益計算書に計上することは，いかなる場合にも認められない。

(3)　有価証券や固定資産を売却した場合，その売却価額と売却原価は総額により損益計算書に表示しなければならない。

(4)　固定資産の減価償却費の計上は，発生主義に基づいて行われる。

(5)　通常の新株発行に伴って企業に払い込まれた金銭の額は，当該企業の純資産を増加させるものなので，収益に該当する。

	正誤	理　　由
(1)		
(2)		
(3)		
(4)		
(5)		

問題 6-3 次の［資料］に基づき，当期の(1)純利益および(2)包括利益の額を計算しなさい。なお，税効果は考慮しないこととする。

[資　料]

① 収益合計　60,000千円

② 費用合計　52,000千円

③ その他有価証券評価差額金の当期発生額（評価差損）　5,000千円

④ 投資有価証券（その他有価証券）の売却損　3,000千円

(1)	千円
(2)	千円

問題 6-4 次の［資料］に基づき，当期の(1)純利益および(2)包括利益の額を計算しなさい。なお，税効果は考慮しないこととする。

[資　料]

① 純資産の期首残高　64,000千円

② 純資産の期末残高　80,000千円

③ その他有価証券評価差額金の当期発生額（評価差益）　5,000千円

④ 投資有価証券（その他有価証券）の売却益　3,000千円

⑤ 新株の発行による純資産の増加額　10,000千円

⑥ 剰余金の配当による純資産の減少額　4,000千円

(1)	千円
(2)	千円

第 7 章

収益認識①：基本概念

学習のポイント

1 顧客への商品やサービスの提供による収益計上については，収益認識に関する会計基準等に従い処理する。

2 次の5つのステップにより収益を認識する。

① 顧客との契約を識別

② 契約における履行義務を識別

③ 取引価格を算定

取引価格は収益の測定額の基礎となるものであり，特に変動対価（割戻など対価が変動する可能性がある部分）や重要な金融要素が含まれる場合の調整に留意が必要である。

④ 契約における履行義務に取引価格を配分

⑤ 履行義務を充足した時に又は充足するにつれて収益を認識

一時点で充足される履行義務と一定の期間にわたり充足される履行義務に大別される。特に後者は進捗度に基づき収益を認識する。

3 顧客から対価を得る権利にかかる資産は，「契約資産」と「顧客との契約から生じた債権」に区別される。また，履行義務を充足する前に対価を受け取った場合は「契約負債」に該当する。

問題 **7-1** 次の文章の空欄に当てはまる適切な語句を答えなさい。

顧客との契約から生じる収益は，①顧客との契約を識別，②契約における（ A ）を識別，③（ B ）を算定，④契約における（ A ）に（ B ）を配分，⑤（ A ）を充足した時に，または充足するにつれて収益を認識，の5つのステップにより会計処理される。

（ A ）には別個の財又は（ C ）を顧客に移転する約束が含まれるが，別個のものとされるのは単独で当該財又は（ C ）から顧客が（ D ）を享受できることなどが要件とされる。

（ B ）の算定にあたり対価が変動する可能性のある部分は（ E ）とよばれ，これを見積ったうえで収益を計上する。ほかにも（ B ）の算定にあたって，契約における重要な（ F ）を含む場合には金利相当分の調整が必要となる。

（ A ）の充足は，（ G ）で充足されるものと（ H ）にわたり充足されるものに分けられる。このうち後者は見積った（ I ）に基づき収益を認識する。

顧客との契約により受け取る対価の権利のうち無条件のものは（ J ），（ J ）を除いたものは（ K ）とされる。反対に，（ A ）を充足する前に対価を受け取った場合には，企業の

義務をあらわす（　L　）が計上される。

A		B		C		D	
E		F		G		H	
I		J				K	
L							

問題 7-2　次の収益認識基準等における適用対象および取引価格に関する文章について正しい場合は○を記入し，誤っている場合は×を記入するとともに正しい内容を答えなさい。なお，企業会計基準第29号「収益認識に関する会計基準」と企業会計基準適用指針第30号「収益認識に関する会計基準の適用指針」を合わせて「収益認識基準等」という。

(1)　収益認識基準等は，商品の販売やサービスを提供する契約などに広く適用されるものであり，リース契約（貸手）や工事契約にも適用される。

(2)　取引価格の算定にあたっては，顧客から得られる対価の額を描写できるよう，顧客から受け取る対価から顧客に支払われる対価を減額する。ただし，顧客に支払われる対価について，顧客から受領する別個のサービスの対価であることが明らかな場合は，取引価格から減額しない。

(3)　当社は商品を A 社へ販売し，A 社は当該商品を B 社に対して販売した。また，販売促進のために当社から B 社に対して金銭を支払った。このとき，B 社は当社の顧客ではないため，B 社への支払いは A 社への商品販売にかかる取引価格（収益）から減額すべき顧客に支払われる対価には該当しない。

(4)　取引価格の算定にあたって，顧客から受け取った対価に含まれる消費税は，顧客に支払われる対価ではなく当社や仕入先から最終的に税金として納めるものであるため，取引価格に含んで収益を計上する。

(5)　取引価格が確定するまでは，収益を認識することはできない。

(1)		
(2)		
(3)		
(4)		
(5)		

問題 7-3　次の収益認識基準等における収益の認識および資産・負債に関する文章について正しい場合は○を記入し，誤っている場合は×を記入するとともに正しい内容を答えなさい。なお，企業会計基準第29号「収益認識に関する会計基準」と企業会計基準適用指針第30号「収益認識に関する会計基準の適用指針」を合わせて「収益認識基準等」という。

(1)　特別仕様のソフトウェアを制作する契約を顧客と締結し，その制作を顧客が所有し顧客のオフィスに設置されているコンピュータ上で行う場合，一定の期間にわたり充足される履行義務として進捗度に応じて収益を認識する。

(2)　一時点で充足される履行義務について，商品等に対する法的所有権が顧客に移らない限り，履行義務を充足したとはいえず収益を認識できない。

(3)　一定の期間にわたり充足される履行義務について，すべての履行義務が完了する前でも進捗度に応じて顧客から対価を受け取る契約である場合には，収益計上済みの未収分について契約資産ではなく顧客との契約から生じた債権を計上する。

(4)　契約資産について発生時に適切に会計処理を行っていれば，期末においては時価評価を行わないため貸倒れの見積りを除き金額が変動することはない。

(5)　期末において，同一顧客に対する契約資産と契約負債はすべて相殺して表示する。

(1)		
(2)		
(3)		
(4)		
(5)		

問題 7-4　次の①と②の取引について，「履行義務」を用いて説明しなさい。

①　当社は電子機器メーカーであり，顧客の家電量販店に対して電卓（@¥5,000×100台）と電子辞書（@¥10,000×150台）を合計2,000,000円で販売する契約を締結した。代金はすべての製品を引き渡した後に受け取ることになっている。

　　そして，当社は先に電卓100台を製造し，顧客に引き渡したが，電子辞書はまだ製造および納品をしていない。このとき，当社は電卓の販売額500,000円について収益を認識すべきか説明しなさい。

②　当社は機械を製造販売する企業であり，機械を10,000千円で販売するとともに，その据付サービスを200千円で顧客と契約した。この機械は特殊仕様であり，据付けは当社でなければ行うことができない。

当社は，機械をいったん顧客の倉庫へ運搬したが，顧客が指定した場所への据付サービスは完了していない。このとき，機械の販売額10,000千円について収益を認識すべきか説明しなさい。

①

②

問題 7-5 顧客の土地に建物を建設する契約は，一時点で充足される履行義務と一定の期間にわたり充足される履行義務のどちらに該当するか説明しなさい。

問題 7-6 契約資産と，顧客との契約から生じた債権の違いについて説明しなさい。

第 8 章

収益認識②：個別論点

学習のポイント

1 売上割戻や返品権付販売において，顧客から受け取った対価の一部または全部を返金すると見込む場合は「返金負債」を計上する。

2 返品権付販売において，返品により顧客から商品等を回収する権利については「返品資産」を計上する。

3 変動対価の仕訳にあたっては，販売時の収益額について，①販売時に変動対価を反映させる方法（決算日には見直し）と②販売時は契約額で計上して決算日等に変動対価を調整する方法，貸方の収益額について，①売上など貸方の収益に変動対価を反映させる方法と②いったん変動対価を考慮する前の契約額で貸方の収益を計上して借方に収益の控除項目を計上して調整する方法がある。

4 一般的に仕入割引は営業外費用として処理するが，売上割引は収益から控除（変動対価）として処理する。

5 商品（製品）保証は，保証の性質に応じて引当金処理と履行義務に分かれる。

6 商品等を他の当事者によって提供されるように手配する履行義務は「代理人」としての取引に該当し，手数料の金額もしくは顧客から受け取る対価から他の当事者に支払う対価を控除した金額で収益を計上する。このときの収益の勘定科目は「手数料収入」等だけでなく「売上」などもありえるため，問題文等の指示に従う必要がある。

7 割賦販売では重要な金融要素が含まれる場合の処理に留意が必要である。特に，計上した売上債権に対しては償却原価法の処理が必要となる。

8 工事契約（一定の期間にわたり充足される履行義務）では，建設業の勘定科目の取扱い，原価回収基準，赤字が見込まれる場合の取扱い等に留意が必要である。

問題 8-1 当社は3月決算の卸売業であり、2～4月の売上が一定額以上の場合に1割のリベートを5月に支払う条件で、小売店の顧客と商品売買契約を締結した。各月の売上代金は翌月に受け取る取り決めである。

2月中の売上は100,000千円、3月中の売上は500,000千円であった。決算日時点でリベート条件はまだ達成されていないが、4月中の売上により達成される可能性が高いものと見込んでいる。

このことを踏まえ、次の各仕訳を答えなさい。なお、当社では変動対価が含まれる取引についていったん契約額で収益を計上し、決算時に必要があれば変動対価の調整を行っている。

① 2月の商品販売の仕訳
② 3月の商品販売の仕訳
③ 3月の決算整理仕訳

(単位：千円)

	借 方 科 目	金 額	貸 方 科 目	金 額
①				
②				
③				

問題 8-2 当社は3月決算の卸売業であり、3～4月の2カ月間の売上が一定額以上の場合に2割のリベートを5月に支払う条件で、小売店の顧客と商品売買契約を締結した。

3月中の売上は600,000千円（税抜価格、消費税は10％とする）である。3月末時点でリベート条件はまだ達成されていないが、達成される可能性が高いものと見込んでいる。リベートにかかる消費税は確定時に調整する。

このことを踏まえ、3月中の売上にかかる仕訳を答えなさい。なお、当社では変動対価が含まれる取引について、販売時にいったん契約額で収益を計上したうえで、借方で変動対価を間接的に調整している。

(単位：千円)

借 方 科 目	金 額	貸 方 科 目	金 額

問題 8-3 当社は3月決算の卸売業であり，1～3月の売上が100,000千円以上の場合にこの期間の売上の1割をリベートとして4月に支払う条件で，小売店の顧客と商品売買契約を締結した。各月の売上代金は翌月に受け取る取り決めである。

このことを踏まえ，次の各取引等で必要となる仕訳を答えなさい。なお，当社では変動対価について取引発生時や判断変更時の仕訳に反映させている。

① 1月中の売上は20,000千円であり，この時点ではリベート条件が達成される可能性が極めて低いと判断した。

② 2月中の売上は60,000千円となり，リベート条件が達成される可能性が高いものと判断を変更した。

③ 3月中の売上は30,000千円であった。また，この代金を4月に受け取る際には，リベートを差し引いた純額とすることを顧客と確認したため，これを債権の計上に反映させる。

（単位：千円）

	借方科目	金額	貸方科目	金額
①				
②				
③				

問題 8-4 当社は顧客に対して商品を合計で200,000千円（原価率は60%）販売し，代金は掛けとした。この商品販売契約には，販売から1年以内であれば顧客が商品を返品できる取り決めがある。当社は1年間の間に3割の返品があると見込んでいる。この見積りにもとづいて収益を計上したとしても，不確実性が解消されるまでに著しい減額が発生しない可能性は高い。また，返品時に生じる回収費用はなく，返品を受けても同じ価格で再度商品を販売することができる。

このことを踏まえ，次の仕訳を答えなさい。商品売買の仕訳にあたっては，取引のつど売上原価勘定に振り替える方法によること。

① 商品200,000千円販売時の仕訳（販売時に変動対価を反映した金額で貸方の収益を計上する）

② 3割の返品を受けた時の仕訳（200,000千円の対価は返品前に受け取っていたため，返金はただちに普通預金口座から振り込んだ）

	借 方 科 目	金 額	貸 方 科 目	金 額
①				
②				

問題 8−5 売手（メーカー）は買手（小売店）へ電卓を500,000円で販売し，代金は3カ月後を支払期限とする掛けとした。また，販売日から15日以内に代金を支払えば，代金の2％を減額する取り決めがある。その後，買手は代金を15日後に支払い，2％の減額を適用した。

　このときの次の各仕訳を答えなさい。なお，売手では便宜上，早期支払いによる割引について期中は販売時ではなく，実際に早期に支払いを受けた時に収益を調整している。また，代金の受払いはすべて普通預金とする。

① 売手の販売時の仕訳
② 売手の代金受取時の仕訳
③ 買手の購入時の仕訳
④ 買手の代金支払時の仕訳

	借 方 科 目	金 額	貸 方 科 目	金 額
①				
②				
③				
④				

問題 8-6 当社は第1期期末に製品1台当たり500千円で合計10台を顧客へ販売し，代金は掛けとした。この製品販売契約には，3年間に故障が生じた場合に無償で修理を行う保証を提供する契約が含まれている。保証期間のうちはじめの1年間については合意された仕様に従っていることの保証に該当するが，残りの2年間については追加のサービスを提供する保証（一定の期間にわたり充足される履行義務）に該当し，時間の経過により営業収益勘定で収益を認識する。

製品の独立販売価格は合計4,500千円，後の2年間の保証の独立販売価格は500千円である。はじめの1年間に10台のうち1台の無償修理が発生する可能性が高く，修理に必要な費用は80千円と見込まれる。問題の便宜上，対価に重要な金融要素は含まないものとする。

このときの次の各仕訳を答えなさい。

① 第1期の製品販売と決算で必要な仕訳

② 第2期に1台の無償修理を行った場合の仕訳（修理には材料費30千円，労務費50千円がかかり，それぞれ発生時に各勘定へ費用計上されている）

③ 第3期の保証にかかる収益と修理の仕訳（第3期には1台の無償修理を行い，材料費30千円，労務費55千円を発生時に費用計上したため，これを営業原価へ振り替える）

（単位：千円）

	借 方 科 目	金 額	貸 方 科 目	金 額
①				
②				
③				

問題 8-7 当社は小売業であるが，顧客が商品を購入するのと同時に仕入先（メーカーや卸売）から商品を掛けで仕入れたものとする契約を締結している。すなわち，当社の店頭や倉庫に置かれている商品の所有権は仕入先にある。また，当社が顧客へ販売する商品の価格は，仕入先が決定している。

このとき，当社の店頭で原価100,000円の商品を130,000円で現金販売したときの仕訳を答えなさい。

借 方 科 目	金 額	貸 方 科 目	金 額

問題 8-8 当社は小売業であるが，顧客が商品を購入するのと同時に仕入先（メーカーや卸売）から商品を掛けで仕入れたものとする契約を締結している。すなわち，当社から顧客への商品販売は代理人取引に該当する。なお，当社では仕入と売上をそれぞれ契約額で計上し，決算時に両者を相殺している。

① 当社の店頭で原価200,000円の商品を240,000円で現金販売したときの仕訳を答えなさい。

② 当期の商品売買が①しかない場合に，決算時に必要となる仕訳を答えなさい。

	借 方 科 目	金 額	貸 方 科 目	金 額
①				
②				

問題 8-9 当社は一部の商品の販売について，別の小売業者へ委託している。小売業者で商品が販売された場合には，その販売価格から10％を手数料として減額した金額を小売業者から受け取る契約となっている。このとき，次の各取引の仕訳を答えなさい。なお，当社では商品売買について3分法により処理を行っているが，小売業者へ発送した商品は仕入勘定とは分けて記録している。そして，小売業者の販売のつど，仕入勘定へ振り戻している。

① 商品100,000円（原価）を小売業者へ送った時

② 商品100,000円（原価）について小売業者が180,000円で販売した時

	借 方 科 目	金 額	貸 方 科 目	金 額
①				
②				

問題 8-10 試用販売にかかる次の取引の仕訳を答えなさい。なお，当社では商品売買について3分法により処理を行っているが，試用目的で顧客へ送った商品は仕入勘定とは分けて記録している。そして，顧客への販売が確定するつど，仕入勘定へ振り戻す。

① 顧客へ試用目的で売価200,000円（原価率60％）の商品を発送した。

② 試用目的で送った商品のうち売価150,000円分については顧客から買取意思の表示があった。

③ 売価50,000円分については，買取意思表示がされず返送された。返送された商品は，再度原価率60％で販売可能である。

	借 方 科 目	金 額	貸 方 科 目	金 額
①				
②				
③				

問題 8-11　当社は顧客に商品480,000円を販売し，代金は販売日の1カ月後から毎月20,000円の24回払いの掛けとした。この商品の現金販売価格は465,320円であり，実効金利は年3％（月0.25％）である。この対価には重要な金融要素が含まれており，債権は償却原価法（利息法）により処理する。

このことを踏まえ，①商品販売時の仕訳，②1回目の代金受け取り（普通預金口座で受け取り）と1カ月分の償却原価法の仕訳，③2回目の代金受け取りと1カ月分の償却原価法の仕訳を答えなさい。円未満の端数が生じた場合には四捨五入すること。

	借 方 科 目	金 額	貸 方 科 目	金 額
①				
②				
③				

問題 8-12　当社は，10kmの道路建設工事を4,000百万円で受注し，代金はすべての完成引渡し時に受け取ることになっている。この工事原価総額は2,000百万円と見積られている。また，この工事は一定の期間にわたり充足される履行義務に該当するものと判断された。

この工事の第1期は2kmまで完成し，原価は440百万円発生した。そこで，進捗度の見積りが次のとおりであった場合の収益計上の仕訳を答えなさい（原価に関する仕訳は不要である）。

① 進捗度を受注した距離のうち完成した距離の割合とした場合

② 進捗度を見積工事原価総額のうち実際に発生した原価の割合とした場合

③ 進捗度を合理的に見積ることができない場合（第1期の収益は計上する）

（単位：百万円）

	借 方 科 目	金 額	貸 方 科 目	金 額
①				
②				
③				

問題 8-13 当社は建物の建設を5,000百万円で受注した。この工事は4年間で完了する予定であり，一定の期間にわたり充足される履行義務と判断した。このことを踏まえ，次の各年度の収益計上の仕訳を答えなさい。なお，仕訳が不要な場合は仕訳なしと答えること。

① 第1期に発生した工事原価は400百万円であった。また，工事の初期段階のため，進捗度を合理的に見積ることができず，合理的に見積ることができる時から収益を認識する方法を採用する。

② 第2期に発生した工事原価は500百万円であった。また，工事が進んだことで工事原価総額は3,000百万円と見積ることができたため，原価比例方式により進捗度を見積る。

③ 第3期に発生した工事原価は1,900百万円であった。また，工事原価総額の見積りを3,500百万円へ変更する。

④ 第4期に発生した工事原価は800百万円であった。また，工事が完了し，顧客へ引き渡した（代金は完成工事未収入金のままとする）。

（単位：百万円）

	借 方 科 目	金 額	貸 方 科 目	金 額
①				
②				
③				
④				

問題 8-14 当社は建物の建設を1,000百万円で受注した。この工事は4年間で完了する予定である。一定の期間にわたり充足される履行義務と判断し，原価比例方式により進捗度を見積る。

以上のことを踏まえ，次の各期の収益計上の仕訳（必要があれば工事損失引当金を計上する仕訳）を答えなさい。

① 受注当初および第1期期末の見積工事原価総額は800百万円，実際に発生した原価は200百万円であった。

② 第2期期末の見積工事原価総額は建設資材価格の上昇により900百万円へ増加した。また，第2期に実際に発生した原価は340百万円であった。

③ 第3期期末の見積工事原価総額は人件費の上昇により1,050百万円へ増加した。また，第3期に実際に発生した原価は300百万円であった。

（単位：百万円）

	借 方 科 目	金 額	貸 方 科 目	金 額
①				
②				
③				

問題 **8−15** 当社は第1期の期首に顧客へ合計1,000,000円の商品券を発行し，代金として現金を受け取った。有効期限の定めはないが，過去の経験から次の表のとおり顧客が利用し，発行から10年経過した時点での未利用残高は将来にわたり利用されないものと見込まれる（実際に次のとおり行使されたものとする）。

第1期	第2期	（中略）	第10期	第10期末の 未利用残高
300,000円	200,000円	…	30,000円	50,000円

　このことをふまえ，次の仕訳を答えなさい。なお，円未満の端数が生じた場合には四捨五入すること。また，仕訳が不要な場合は仕訳なしと答えること。

① 第1期の期首に商品券を発行した時の仕訳

② 第1期に顧客が商品券300,000円を利用した時の仕訳

③ 第10期末の未利用残高の見込みに関する第1期の仕訳

	借　方　科　目	金　　　額	貸　方　科　目	金　　　額
①				
②				
③				

問題 **8−16** 当社は，A商品（独立販売価格1,000千円）とB商品（独立販売価格500千円）を顧客へ販売する契約を合計1,500千円で締結した。対価はすべての商品の検収が完了した後に受け取る。すでにA商品の引渡し・検収は完了したが，B商品は未引渡しである。このとき，C商品（独立販売価格500千円）をこの顧客へ販売することを契約に追加した。

　以上の状況を踏まえ，次の各仕訳を答えなさい。

① C商品の販売を追加することで対価の合計が450千円増額された。450千円とC商品の独立販売価格との差額は，既存契約への追加で新たな販売費負担がないことによるものである。そのうえで，B商品の引渡し・検収が完了した時の仕訳を答えなさい。

② C商品の販売を追加することで対価の合計が300千円増額された。300千円とC商品の独立販売価格との差額は，A・B商品から十分な利益を得られることを考慮した値引きである。そのうえで，B商品の引渡し・検収が完了した時の仕訳を答えなさい。

（単位：千円）

	借　方　科　目	金　　　額	貸　方　科　目	金　　　額
①				
②				

問題 **8-17** 当社は第1期に建物の建設工事を1,000百万円で受注した。この建設工事は一定の期間にわたり充足される履行義務に該当し，進捗度は原価比例方式を採用する。第1期は見積工事原価総額600百万円に対して，発生した工事原価は180百万円であった。

第2期の期首に，建物内部の間取りを変更する契約変更があった。この変更により，受注額（総額）が1,300百万円へ増額されるとともに，見積工事原価総額は720百万円となった。また，第2期に発生した工事原価は360千円であった。

そこで，①第2期の契約変更による仕訳，②第2期に工事の収益を計上するための仕訳を答えなさい。なお，この変更は建設工事の履行義務の一部を構成するものである。

（単位：百万円）

	借方科目	金額	貸方科目	金額
①				
②				

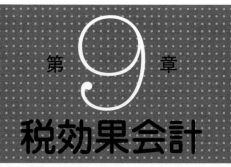

第 9 章

税効果会計

学習のポイント

1 税効果会計

(1) 税効果会計は，企業会計上の資産または負債の額と課税所得計算上の資産または負債の額に相違がある場合において，法人税その他利益に関連する金額を課税標準とする税金の額を適切に期間配分することにより，税引前当期純利益と法人税等に係る費用を合理的に対応させることを目的とする手続である。

(2) 税効果会計の適用により，一時差異等がもつ将来の法人税等の支払額に対する税効果が繰延税金資産または繰延税金負債として貸借対照表に表示されるとともに，法人税等に係る費用が税引前当期純利益とより合理的に対応するように調整される。

2 企業会計と課税所得計算の相違

(1) 法人税の課税標準となる各事業年度の所得のことを課税所得という。法人税の額は，原則として，この課税所得に一定の税率を乗じて計算される。

> **法人税額＝課税所得×税率**

(2) 法人税の確定申告書では，利益と課税所得の間の下記の関係を利用し，株主総会の承認等を受けて確定した決算における当期純利益の額に一定の調整を行って課税所得を計算する。このような課税所得の計算方法を確定決算主義という。

> **課税所得＝利益＋（益金算入項目＋損金不算入項目）－（益金不算入項目＋損金算入項目）**

3 一時差異等の把握

(1) 将来減算一時差異は，将来，当該差異が解消するときに課税所得の計算上減算されるものである。将来減算一時差異には将来の税金負担額を減額する効果があるため，税効果会計を適用し，繰延税金資産を計上する。

(2) 将来加算一時差異は，将来，当該差異が解消するときに課税所得の計算上加算されるものである。将来加算一時差異には将来の税金負担額を増額する効果があるため，税効果会計を適用し，繰延税金負債を計上する。

(3) 税務上の繰越欠損金等も将来減算一時差異に準ずるものとして税効果会計を適用し，繰延税金資産を計上する。

4 繰延税金資産および繰延税金負債等の計上方法

(1) 繰延税金資産の額は，将来減算一時差異等の額に税率を乗じた額から，将来の会計期間にお

いて回収が見込まれない税金の額を控除した額として計算する。

> ### 繰延税金資産＝将来減算一時差異等×税率－回収不能見込額

(2) 繰延税金負債の額は，将来加算一時差異の額に税率を乗じた額から，将来の会計期間におい
て支払いが見込まれない税金の額を控除した額として計算する。

> ### 繰延税金負債＝将来加算一時差異×税率－支払不能見込額

(3) 繰延税金資産および繰延税金負債については，原則として，それらの差額を期首と期末で比
較した増減額を，損益計算書で法人税等調整額として計上する。

  （借）　繰 延 税 金 資 産　　　×××　（貸）　法 人 税 等 調 整 額　　　×××

(4) 繰延税金資産の回収可能性は毎決算日現在で見直さなければならない。

(5) 税効果会計に適用される税率が変更された場合には，決算日現在における改正後の税率を用
いて過年度に計上された繰延税金資産および繰延税金負債の金額を修正する。

5　財務諸表における表示

(1) 貸借対照表では，繰延税金資産と繰延税金負債は，双方を相殺した純額で表示する。相殺後
の繰延税金資産の純額は固定資産の投資その他の資産の区分に表示し，繰延税金負債の純額は
固定負債の区分に表示する。

(2) 損益計算書では，法人税等に係る費用は「法人税，住民税及び事業税（法人税等）」と「法
人税等調整額」に区分して，税引前当期純利益から控除する形式により表示する。

問題 9-1　次の文章について，正しいものには○を，誤っているものには×を解答欄の正誤欄に記
入しなさい。また，誤っているものについては，その理由を簡潔に述べなさい。

(1) 貸借対照表では，繰延税金資産の純額は無形固定資産の区分に表示する。

(2) その他有価証券の評価差額のうち，評価差益については繰延税金負債を計上し，評価差損につ
いては繰延税金資産を計上しなければならない。

(3) 住民税の均等割は利益に関連する金額を課税標準とする税金ではないため，税効果会計の対象
とはならない。

(4) わが国の会計基準では，税効果会計の方法は，原則として，繰延法によることとされている。

(5) 税務上の繰越欠損金等については，将来加算一時差異に準ずるものとして税効果会計を適用し，
繰延税金負債を計上する。

	正誤	理　由
(1)		
(2)		
(3)		
(4)		
(5)		

問題 9-2　当期の申告調整事項等に関する下記の［資料］に基づき，課税所得の額を求めよ。なお，税引前当期純利益は10,000千円であったとする。

［資　料］

　　　　　　　　　　　　　　　　　　（単位：千円）

退職給付引当金損金不算入額	3,000
賞与引当金認容	800
受取配当金益金不算入額	500
その他有価証券の評価差額（評価差損）	1,500
特別償却準備金積立額	2,000
棚卸資産評価損認容	1,200
交際費損金算入限度超過額	300

課 税 所 得	千円

次の［資料］に基づき，X1期からX3期の各期末における税効果会計の仕訳を示せ。

［資 料］

- X1期首において1,200千円で取得した固定資産につき，残存価額ゼロ，耐用年数3年で定額法により減価償却を行っている。
- 税務上の法定耐用年数は5年である。
- 上記の固定資産はX3期末に処分された。
- X1期からX3期の法定実効税率は40％で変更はなかった。
- 各期末において繰延税金資産は全額回収可能と判断されたとする。

	借　方　科　目	金　　額	貸　方　科　目	金　　額
X1期末				
X2期末				
X3期末				

下記の［資料］に基づき，当期末における税効果会計の仕訳を示せ。

［資 料］

- 前期末および当期末における一時差異等の残高は下記のとおりである。

（単位：千円）

	前期末	当期末
将来減算一時差異等		
棚卸資産評価損	5,000	4,000
減価償却費損金算入限度超過額	12,000	15,000
繰越欠損金	8,000	10,000
将来加算一時差異		
積立金方式による固定資産圧縮記帳額	2,500	2,000

- 法定実効税率は前期の40％から当期は50％に変更された。
- 当期末の繰越欠損金のうち8,000千円に係る繰延税金資産は回収不能と判断されたとする。

借　方　科　目	金　　額	貸　方　科　目	金　　額

問題 9-5 当社（決算日は3月31日）における次の一連の取引の仕訳を示しなさい。なお，法人税等の法定実効税率は各期を通じて40%で一定とする。

(1) X1年11月30日，法人税等の中間申告を行い，300千円を現金で納付した。

(2) X2年3月31日，決算日につき，当期の課税所得に対して法人税等を計上した。なお，損益計算書上の税引前当期純利益は2,000千円であった。また，当期の会計上と税務上の差異は下記のとおりであった。

① 前期末に計上した商品評価損300千円は，前期の損金算入は認められなかったが，当期中に関連する商品が販売されたことに伴い，当期において損金算入が認められた。

② 前期末に計上した貸倒引当金400千円は，前期の損金算入は認められなかったが，当期において損金算入が認められた。

③ 当期末に計上した貸倒引当金500千円は損金不算入となった。

④ 当期に計上した交際費100千円は損金不算入となった。

⑤ 当期に計上した受取配当金200千円は益金不算入となった。

(3) 同日，決算日につき，当期末の一時差異等に対して税効果会計を適用した。なお，当期末の繰延税金資産は全額回収可能と判断された。また，前期末において280千円の繰延税金資産が計上されていた。

(4) X2年6月30日，法人税等の確定申告を行い，中間納付額を控除した未払額を現金で納付した。

	借　方　科　目	金　　額	貸　方　科　目	金　　額
(1)				
(2)				
(3)				
(4)				

第10章 財務諸表

学習のポイント

1 　財務諸表は，企業が利害関係者に対して自らの会計情報を提供するために作成する書類である。貸借対照表，損益計算書，株主資本等変動計算書，キャッシュ・フロー計算書，附属明細表などから構成される。

2 　貸借対照表は，企業の財政状態を明らかにするために作成されるものである。その様式には，勘定式と報告式があり，また，科目を性質ごとにまとめて区分表示するかどうかで区分式と無区分式がある。

3 　損益計算書は，企業の経営成績を明らかにするために作成されるものである。貸借対照表と同様に，その様式には勘定式と報告式がある。また，損益を段階別に表示していく区分式と，区分を設定しない無区分式がある。

4 　株主資本等変動計算書は，主として株主資本の変動状況を明らかにするために作成されるものである。その様式には，①純資産の各項目を縦に並べる様式と，②純資産の各項目を横に並べる様式がある。

5 　キャッシュ・フロー計算書は，企業のキャッシュ・フロー（資金収支）の状況を明らかにするために作成されるものである。一定期間におけるキャッシュ・フローが，①営業活動によるキャッシュ・フロー，②投資活動によるキャッシュ・フロー，および③財務活動によるキャッシュ・フローの３つに区分表示される。なお，①営業活動によるキャッシュ・フローの表示方法には，直接法と間接法の２つがある。

6 　附属明細表や注記は，会計情報を明瞭に表示し，その比較可能性を高めるためのものである。附属明細表には，有価証券明細表，有形固定資産等明細表，社債明細表，借入金等明細表，引当金明細表および資産除去債務明細表がある。また，注記の記載方法には，脚注と一括記載の２つがある。

7 　中間財務諸表は，会計情報を適時に開示するために作成されるものである。実績主義に基づき，原則として年度の財務諸表と同じ会計方針を適用して作成する。

問題 10-1　次の財務諸表に関する各文章について，空欄(a)〜(h)に当てはまる適切な語句を下記の解答語群の中から選びなさい。

(1)　金融商品取引法によると，証券取引所に有価証券を上場している会社等は，毎事業年度経過後3カ月以内に（　a　）を作成し，内閣総理大臣に提出しなければならない。財務諸表は，経理の状況を示す書類（財務書類）として（　a　）の中に含めて提出される。

(2)　財務諸表は，その作成範囲の相違によって，法的実体に基づいた個々の企業の会計情報について明らかにする（　b　）と，経済的実体に基づいた企業集団全体の会計情報について明らかにする（　c　）との2つに分けられる。

(3)　財務諸表の様式には，左右対照の勘定口座の形式に従った様式である勘定式と，一定の順序で各科目を上から下へ書き流していく様式である（　d　）がある。金融商品取引法に基づく財務諸表では（　d　）が用いられている。

(4)　貸借対照表や損益計算書の重要項目の内容を補足して説明するために作成されるものとして，（　e　）がある。これには，有価証券明細表，有形固定資産等明細表，社債明細表などがある。

(5)　財務諸表に掲げられている項目，金額等について，その補足的説明を簡潔に加えるために記載されるものとして注記がある。その記載方法には脚注と（　f　）の2つがあるが，最近では（　f　）の方法が一般化してきている。

(6)　（　a　）を作成する会社で，事業年度が開始した日から6カ月が経過したときは，事業年度開始日以後の6カ月間に関する（　g　）を作成しなければならない。（　g　）の中に含めて開示される財務諸表が，中間財務諸表である。

(7)　財務諸表は，決算の手続を通じて作成される。決算の手続は，決算予備手続，決算本手続および決算報告手続の3つからなる。これら一連の手続を概観するために作成されるものとして（　h　）がある。

<解答語群>

① 半 期 報 告 書	② 一 括 記 載	③ 連 結 財 務 諸 表
④ 会 計 方 針	⑤ 有価証券報告書	⑥ 報 告 式
⑦ 個 別 財 務 諸 表	⑧ 附 属 明 細 表	⑨ 試 算 表
⑩ 事 業 報 告	⑪ 精 算 表	⑫ 英 米 式 決 算 法

(a)		(b)		(c)		(d)	
(e)		(f)		(g)		(h)	

<u>問題</u> **10-2** 　次の財務諸表に対する注記に関しての各文章について，空欄(a)〜(d)に当てはまる語句を記入しなさい。

(1) 有価証券の評価基準および評価方法，棚卸資産の評価基準および評価方法，固定資産の減価償却の方法等のように，財務諸表の作成にあたって採用した会計処理の原則および手続を（ 　a 　）という。財務諸表には，重要な（ 　a 　）を注記しなければならない。ただし，会計基準等の定めが明らかであり，当該会計基準等において代替的な会計処理の原則および手続が認められていない場合には，（ 　a 　）に関する注記を省略することができる。

(2) 決算日後に発生した事象で，次期以降の財政状態および経営成績に影響を及ぼすものを（ 　b 　）という。財務諸表には重要な（ 　b 　）を注記しなければならず，その例として，決算日後に発生した火災，出水等による重大な損害の発生，会社の合併などがある。

(3) 決算日において，（ 　c 　）の前提に重要な疑義を生じさせるような事象または状況が存在する場合であって，当該事象または状況を解消（もしくは改善）するための対応をしてもなお（ 　c 　）の前提に関する重要な不確実性が認められるときは，当該事象または状況の内容，当該事象または状況への対応策などを財務諸表に注記しなければならない。なお，（ 　c 　）の前提とは，企業が将来にわたって事業活動を継続するという前提である。

(4) 棚卸資産に分類されている不動産以外のものであって，賃貸収益またはキャピタル・ゲインの獲得を目的として保有されている不動産を（ 　d 　）という。財務諸表には，（ 　d 　）に関する時価，損益等を注記しなければならない。

(a)		(b)		(c)		(d)	

問題 10-3 次の決算整理事項に基づき，下記の精算表を完成しなさい。なお，決算整理により生じた費用は，諸費用に含めず，独立の科目とする。会計期間は，20X4年4月1日から20X5年3月31日とする。

〔決算整理事項〕

(1) 現金勘定の残高について調べてみたところ，通貨のほかに，従業員の借用書150千円，当社発行の小切手100千円および当社振出の約束手形200千円が含まれていた。

(2) 銀行から取り寄せた当座預金の残高証明金額は，3,100千円であった。帳簿残高との不一致の原因は，次のとおりと判明した。

- 未取付小切手（買掛金の支払い）　　　　　　　200千円
- 当座預金への振込みで当社に未達（売掛金の回収）　300千円

(3) 受取手形と売掛金の期末残高（すべて一般債権である）について，貸倒実績率2％で貸倒引当金を差額補充法により設定する。

(4) 当期における商品売買取引は，次のとおりであった。先入先出法により，棚卸資産（商品）の原価配分を行う。なお，期首棚卸高は，1,000個（@500円）であった。また，期末棚卸高には，収益性の低下に基づく評価損は生じていない。

仕　入　　1,500個（@700円）
売　上　　1,200個
仕　入　　1,300個（@800円）
売　上　　2,200個
仕　入　　1,000個（@900円）
仕　入　　1,100個（@800円）
売　上　　2,000個

(5) 建物の帳簿残高8,000千円は，すべて前期以前に使用を開始しているもので，定額法（残存価額は取得原価の10％，耐用年数20年）により減価償却を行う。また，建設仮勘定は，建設中の建物に関するものであったが，これについては20X4年10月1日に引渡しを受け，使用を開始している。定額法（残存価額は取得原価の10％，耐用年数27年）により減価償却を行う。

(6) 法人税，住民税及び事業税は，税引前当期純利益の30％を計上する。なお，千円未満は切り捨てる。

精　算　表　　　　　　　　　　　（単位：千円）

勘 定 科 目	残高試算表		整理記入		損益計算書		貸借対照表	
	借方	貸方	借方	貸方	借方	貸方	借方	貸方
現　　　　　金	2,830							
当 座 預 金	2,500							
受 取 手 形	1,800							
売 　掛 　金	2,700							
繰 越 商 品	500							
建　　　　物	8,000							
土　　　　地	10,000							
建 設 仮 勘 定	6,000							
支 払 手 形		1,000						
買 　掛 　金		1,200						
借 　入 　金		2,500						
貸 倒 引 当 金		20						
減価償却累計額		1,080						
資 　本 　金		16,000						
利 益 準 備 金		2,500						
別 途 積 立 金		2,800						
繰越利益剰余金		5,550						
売　　　　上		7,500						
仕　　　　入	3,870							
諸 　費 　用	1,400							
支 払 利 息	550							
	40,150	40,150						

問題 10-4 次の貸借対照表の作成・表示に関する①から④までの各文のうち，正しい文として最も適切なものを1つ選びなさい。

① 資産を流動資産と固定資産とに分類するための基準として1年基準と正常営業循環基準があるが，資産の分類にあたっては，まず1年基準を適用しなければならない。

② 純資産の部における株主資本は，資本金，資本剰余金および利益剰余金に区分する。また，自己株式は，株主資本の末尾に独立の控除項目として表示しなければならない。

③ 正規の簿記の原則によれば，重要性の乏しい資産を簿外資産として処理することは認められるが，簿外負債が生じることは認められない。

④ 資産および負債の各項目の配列方法として流動性配列法と固定性配列法があるが，固定資産が総資産の50%を超える企業においては，固定性配列法を採用しなければならない。

問題 10-5 下記の［資料］に基づいて，貸借対照表における売上債権と貸倒引当金の表示（注記部分を含む）について示しなさい。

［資　料］

売掛金期末残高　2,000,000円（貸倒実績率3%により貸倒引当金を設定する）

短期貸付金期末残高　1,000,000円（貸倒実績率2%により貸倒引当金を設定する）

(1) **科目別控除方式**

貸 借 対 照 表　　　　　（単位：円）

流動資産		
……………	×××	

(2) 一括控除方式

貸 借 対 照 表　　　　（単位：円）

流動資産

　…………　×××

(3) 科目別注記方式

貸 借 対 照 表　　　　（単位：円）

流動資産

　…………　×××

（注1）

（注2）

(4) 一括注記方式

貸 借 対 照 表　　　　（単位：円）

流動資産

　…………　×××

（注）

問題 10-6 次の各項目について，下記の貸借対照表のいずれの区分に属するものであるかを(A)〜(I)の記号で答えなさい。ただし，金額の重要性については考慮しないものとする。また，繰延資産として計上することが認められているものについては，資産計上するものとする。

1	長期前払費用	2	繰越利益剰余金
3	借地権	4	その他有価証券評価差額金
5	未払法人税等	6	自己株式
7	特許権	8	建設仮勘定
9	株式交付費	10	特別修繕引当金
11	商品	12	1年以内に期限が到来する借入金
13	繰延ヘッジ損益	14	2年後に完成する仕掛品

貸　借　対　照　表

資　産　の　部		負　債　の　部	
流　動　資　産	(A)	流　動　負　債	(F)
固　定　資　産		固　定　負　債	(G)
有　形　固　定　資　産	(B)	純資産の部	
無　形　固　定　資　産	(C)	株　主　資　本	(H)
投資その他の資産	(D)	評価・換算差額等	(I)
繰　延　資　産	(E)		

1		2		3		4		5	
6		7		8		9		10	
11		12		13		14			

下記の20X4年度の貸借対照表は，一部の決算整理事項が未処理のまま作成されたものである。次の各問に答えなさい。

問1 決算整理事項（未処理分）を処理したあとの税引前当期純利益を計算しなさい。

問2 法人税，住民税及び事業税の納付額（未払法人税等）を計算しなさい。

問3 法人税等調整額を求め，税引後当期純利益を計算しなさい。

問4 解答欄の貸借対照表を完成しなさい。

貸借対照表　　　　（単位：千円）

現 金 預 金	39,000	買 　 掛 　 金	20,000
売 　 掛 　 金	33,000	長 期 借 入 金	39,000
長 期 貸 付 金	15,000	貸 倒 引 当 金	660
有 価 証 券	52,000	減価償却累計額	15,600
商 　 　 　 品	15,000	資 　 本 　 金	101,000
建 　 　 　 物	78,000	別 途 積 立 金	20,200
繰 延 税 金 資 産	3,600	繰越利益剰余金	39,140
	235,600		235,600

（注）　繰越利益剰余金39,140千円には，20X4年度の税引前当期
　　　　純利益33,000千円が含まれている。

Ⅰ　決算整理事項（未処理分）

1．当座預金の帳簿残高は5,300千円，銀行の残高証明書金額は10,100千円であった。不一致の原因は，次のとおりである。

・未取付小切手（買掛金の支払い）　　　　　　　　2,000千円

・当座預金への振込みで当社に未達（売掛金の回収）　3,000千円

・水道光熱費の自動引き落としが当社では未処理　　200千円

2．売掛金については，その金額の2％を貸倒引当金として設定してある。なお，前期末における売掛金残高は0であった。また，長期貸付金15,000千円は，当期において新たに計上されたものであるが，経済事情の急変により，その一部について取立ての見込みがないと認められるものである。これに対する貸倒引当金の設定が未処理であるため，債権金額の80％を貸倒引当金として計上する。

3．商品についてさらに調査したところ，品質低下による評価損が生じていた。商品の正味売却価額は14,800千円であった。

Ⅱ　法人税等に関する資料

1．以下の項目について税効果会計を適用する。なお，法人税，住民税及び事業税の実効税率は30％である。

2．会計上は売掛金および長期貸付金に対して貸倒引当金を設定したが，これらの貸倒引当金の繰入額は，法人税法上，損金として算入することが認められないものであった。

3．会計上は期末商品に関して商品評価損200千円を計上したが，この評価損は，法人税法上，

損金として算入することが認められないものであった。なお，前期末にも商品評価損400千円を計上していたが，この評価損は当期の商品販売によって法人税法上の損金となった。

4．建物の減価償却について，会計上は定率法を適用しているが，法人税法上は定額法を適用しなければならない。このため，当期の減価償却費に損金算入限度超過額1,500千円が生じている。

5．繰延税金資産3,600千円は，20X4年度の期首時点における将来減算一時差異（商品評価損400千円と減価償却費の損金算入限度超過額11,600千円）に係るものである。なお，繰延税金資産については，すべて将来の課税所得によって回収が可能であると見込まれる。

問1		千円	問2		千円
問3	法人税等調整額				千円
	税引後当期純利益				千円

問4

貸 借 対 照 表　　　　　　　　　　　　　　（単位：千円）

資 産 の 部				負 債 の 部		
Ⅰ　流動資産				Ⅰ　流動負債		
現金預金		（　　　）		買 掛 金		20,000
売 掛 金	（　　　）			未払法人税等		（　　　）
貸倒引当金	（　　　）	（　　　）		Ⅱ　固定負債		
有価証券		52,000		長期借入金		39,000
商　品		（　　　）		負債合計		（　　　）
流動資産合計		（　　　）		純 資 産 の 部		
Ⅱ　固定資産				Ⅰ　株主資本		
（1）有形固定資産				（1）資本金		101,000
建　　物	78,000			（2）利益剰余金		
減価償却累計額	15,600	62,400		別途積立金		20,200
（2）投資その他の資産				繰越利益剰余金		（　　　）
長期貸付金	（　　　）			株主資本合計		（　　　）
貸倒引当金	（　　　）	（　　　）		純資産合計		（　　　）
繰延税金資産		（　　　）				
固定資産合計		（　　　）				
資産合計		（　　　）		負債・純資産合計		（　　　）

問題 10-8 次の損益計算書に関する各問に答えなさい。

問1 下記の図表は，損益計算書の表示について示したものである。□ の中に適切な語句を記入しなさい。

① 損益計算	1	②	×××
	2	③	×××
		売上総利益（または売上総損失）	×××
	3	販売費及び一般管理費	×××
		① 利益（または ① 損失）	×××
④ 損益計算	4	⑤	×××
	5	⑥	×××
		④ 利益（または ④ 損失）	×××
⑦ 損益計算	6	⑧	×××
	7	⑨	×××
		⑩ 利益（または ⑩ 損失）	×××
	8	⑪	×××
	9	⑫	×××
	10	当期純利益（または当期純損失）	×××

①		②		③	
④		⑤		⑥	
⑦		⑧		⑨	
⑩		⑪		⑫	

問2 次の各科目は，**問1**の損益計算書のいずれの項目に属するか，それぞれの項目に付した番号（1〜10）で答えなさい。なお，金額の重要性については考慮しないものとする。

- a 貸倒引当金繰入（売上債権に係るもの）
- b のれん償却
- c 受取利息（投資有価証券に係るもの）
- d 売上割引
- e 社債発行費償却
- f 土地売却益
- g 広告宣伝費
- h 火災損失
- i 仕入割引
- j 備品売却損

a		b		c		d		e	
f		g		h		i		j	

問題 10-9 次の［資料］に基づいて損益計算書を完成しなさい。なお，会計期間は，20X1年4月1日からの1年間とする。

［**資料1**］ 決算整理前残高試算表

残 高 試 算 表 （単位：千円）

現 金 預 金	15,100	買 掛 金	9,000
売 掛 金	8,000	借 入 金	10,000
有 価 証 券	2,000	貸 倒 引 当 金	100
繰 越 商 品	11,500	退職給付引当金	3,500
備 品	10,000	減価償却累計額	3,000
土 地	24,000	資 本 金	45,000
仮 払 金	1,000	利 益 準 備 金	3,000
仕 入	67,880	繰越利益剰余金	3,200
給 料	2,500	売 上	69,000
広 告 宣 伝 費	500	受 取 配 当 金	80
支 払 家 賃	2,600		
支 払 利 息	800		
	145,880		145,880

［**資料2**］ 決算整理事項等

(1) 期末の手許商品に関する資料は，次のとおりである。なお，棚卸減耗損および商品評価損は，売上原価の内訳科目とする。

   期末帳簿棚卸高（原価）　23,500千円

   期末実地棚卸高（原価）　22,900千円

   期末実地棚卸高（時価）　22,600千円

(2) 売掛金の期末残高について，貸倒実績率3％で貸倒引当金を設定する（差額補充法によること）。

(3) 従業員の退職給付について見積もった結果，当期の負担に属する金額は2,500千円と計算された。なお，外部の退職年金基金への拠出額1,000千円については，仮払金で処理してある。

(4) 備品（残存価額は取得原価の10％，耐用年数は5年）の減価償却は，級数法によって行う。なお，備品は，すべて昨年度の期首に取得したものである。

損益計算書

自20X1年4月1日　至20X2年3月31日　（単位：千円）

I　売上高　　　　　　　　　　　　　　　　　　　　69,000

II　売上原価

1　商品期首棚卸高　　　　　　　（①　　　　　）

2　当期商品仕入高　　　　　　　　67,880

　　　　合　計　　　　　　　　（　　　　　　）

3　商品期末棚卸高　　　　　　　（②　　　　　）

　　　　差　引　　　　　　　　（　　　　　　）

4　（イ　　　　　　）　　　　　（③　　　　　）

5　（ロ　　　　　　）　　　　　　300　　　（④　　　　　）

　　　　売上総利益　　　　　　　　　　　（⑤　　　　　）

III　販売費及び一般管理費

1　給　料　　　　　　　　　　　　2,500

2　広告宣伝費　　　　　　　　　　　500

3　支払家賃　　　　　　　　　　　2,600

4　貸倒引当金繰入　　　　　　　（⑥　　　　　）

5　退職給付費用　　　　　　　　（⑦　　　　　）

6　減価償却費　　　　　　　　　（⑧　　　　　）　（　　　　　　）

　　　　営業利益　　　　　　　　　　　　（⑨　　　　　）

IV　営業外収益

1　（ハ　　　　　　　）　　　　　　　　　（⑩　　　　　）

V　営業外費用

1　支払利息　　　　　　　　　　　　　　　　800

　　　　経常利益　　　　　　　　　　　（　　　　　　）

　　　　当期純利益　　　　　　　　　　（⑪　　　　　）

問題 10-10 次の［資料］に基づいて，株主資本等変動計算書を完成しなさい。

［資　料］

(1)　期首における純資産の部（単位：百万円）

資本金	25,000
資本準備金	1,000
その他資本剰余金	2,300
利益準備金	1,500
別途積立金	8,000
繰越利益剰余金	10,200
自己株式	1,200
その他有価証券評価差額金	2,700

(2)　当期の取引等

①　新株発行による当座預金への払込額1,500百万円について，会社法が認める最低金額を資本金に組み入れた。

②　その他資本剰余金1,000百万円および繰越利益剰余金2,000百万円を原資とする配当を行った。

③　自己株式（取得金額1,000百万円）を1,100百万円で売却した。

④　期末に，その他有価証券の時価が帳簿価額を上回っていたので，その他有価証券評価差額金300百万円を計上した。

⑤　当期純利益は1,800百万円であった。

株主資本等変動計算書

（単位：百万円）

株主資本
　資本金
　　当期首残高
　　当期変動額
　　　新株の発行　＿＿＿＿＿
　　　当期変動額合計　＿＿＿＿＿
　　当期末残高　＿＿＿＿＿
　資本剰余金
　　資本準備金
　　　当期首残高
　　　当期変動額
　　　　新株の発行
　　　　剰余金の配当に伴う積立て　＿＿＿＿＿
　　　　当期変動額合計　＿＿＿＿＿
　　　当期末残高　＿＿＿＿＿
　　その他資本剰余金
　　　当期首残高
　　　当期変動額
　　　　剰余金の配当
　　　　資本準備金の積立て
　　　　自己株式の処分　＿＿＿＿＿
　　　　当期変動額合計　＿＿＿＿＿
　　　当期末残高　＿＿＿＿＿
　　資本剰余金合計
　　　当期首残高
　　　当期変動額　＿＿＿＿＿
　　　当期末残高　＿＿＿＿＿
　利益剰余金
　　利益準備金
　　　当期首残高
　　　当期変動額
　　　　剰余金の配当に伴う積立て　＿＿＿＿＿
　　　　当期変動額合計　＿＿＿＿＿
　　　当期末残高　＿＿＿＿＿
　　その他利益剰余金
　　　別途積立金
　　　　当期首残高
　　　　当期変動額
　　　　当期末残高　＿＿＿＿＿

繰越利益剰余金
　　当期首残高
　　当期変動額
　　　剰余金の配当
　　　利益準備金の積立て
　　　当期純利益
　　　当期変動額合計　＿＿＿＿＿
　　当期末残高　＿＿＿＿＿
　利益剰余金合計
　　当期首残高
　　当期変動額　＿＿＿＿＿
　　当期末残高　＿＿＿＿＿
自己株式
　当期首残高
　当期変動額
　　自己株式の処分　＿＿＿＿＿
　　当期変動額合計　＿＿＿＿＿
　当期末残高　＿＿＿＿＿
株主資本合計
　当期首残高
　当期変動額　＿＿＿＿＿
　当期末残高　＿＿＿＿＿
評価・換算差額等
　その他有価証券評価差額金
　　当期首残高
　　当期変動額（純額）　＿＿＿＿＿
　　当期末残高　＿＿＿＿＿
評価・換算差額等の合計
　当期首残高
　当期変動額　＿＿＿＿＿
　当期末残高　＿＿＿＿＿
純資産合計
　当期首残高
　当期変動額　＿＿＿＿＿
　当期末残高　＿＿＿＿＿

問題 10-11 次の［資料］に基づいて，株主資本等変動計算書を完成しなさい。なお，純資産の部の各項目の当期首残高は，すでに記入済みである。

［資 料］

＜当期の取引等＞

① 新株予約権（帳簿価額100千円）の権利が行使されたので新株を発行し，権利行使に伴う400千円の払込みを受けた。なお，会社法が認める最低金額を資本金に組み入れた。

② その他資本剰余金50千円および繰越利益剰余金100千円を原資とする配当を行った。

③ 自己株式50千円を取得した。

④ 期末に，その他有価証券の時価が帳簿価額を上回っていたので，その他有価証券評価差額金50千円を計上した。

⑤ 当期純利益は200千円であった。

株主資本等変動計算書　　　　　　　（単位：千円）

	株主資本										評価・換算差額等		株式引受権	新株予約権	純資産合計
	資本金	資本剰余金			利益剰余金				自己株式	株主資本合計	その他有価証券評価差額金	評価・換算差額等合計			
		資本準備金	その他資本剰余金	資本剰余金合計	利益準備金	その他利益剰余金		利益剰余金合計							
						別途積立金	繰越利益剰余金								
当期首残高	5,000	200	100	300	250	150	600	1,000	△100	6,200	120	120	100	150	6,570
当期変動額															
新株の発行	250	250		250						500					500
剰余金の配当		5	△55	△50	10		△110	△100		△150					△150
当期純利益							200	200		200					200
自己株式の取得									△50	△50					△50
株主資本以外の項目の当期変動額（純額）											50	50		△100	△50
当期変動額合計	250	255	△55	200	10		90	100	△50	500	50	50		△100	450
当期末残高	5,250	455	45	500	260	150	690	1,100	△150	6,700	170	170	100	50	7,020

問題 10-12 次の貸借対照表と損益計算書に基づいて，直接法と間接法（「営業活動によるキャッシュ・フロー」まで）によるキャッシュ・フロー計算書を完成しなさい。

貸 借 対 照 表 （単位：千円）

	20X1年度末	20X2年度末	増減額
現金預金	3,420	6,510	3,090
売掛金	7,800	6,100	△1,700
有価証券	3,500	3,500	0
商品	7,200	5,900	△1,300
備品	10,000	12,000	2,000
減価償却累計額	(3,100)	(5,500)	(2,400)
土地	16,000	11,000	△5,000
資産合計	44,820	39,510	△5,310
買掛金	7,200	4,500	△2,700
短期借入金	1,000	1,400	400
未払利息	100	250	150
未払法人税等	800	1,000	200
社債	11,000	6,000	△5,000
負債合計	20,100	13,150	△6,950
資本金	19,000	19,000	0
利益準備金	1,000	1,150	150
繰越利益剰余金	4,720	6,210	1,490
純資産合計	24,720	26,360	1,640
負債・純資産合計	44,820	39,510	△5,310

損 益 計 算 書
20X2年度
（単位：千円）

Ⅰ	売 上 高		28,000
Ⅱ	売上原価		
	1 期首商品棚卸高	7,200	
	2 当期商品仕入高	12,200	
	合 計	19,400	
	3 期末商品棚卸高	5,900	13,500
	売上総利益		14,500
Ⅲ	販売費及び一般管理費		
	人 件 費	5,500	
	減価償却費	2,400	
	その他	2,267	10,167
	営業利益		4,333
Ⅳ	営業外収益		
	受取利息		200
Ⅴ	営業外費用		
	支払利息		300
	経常利益		4,233
Ⅵ	特別利益		
	土地売却益		1,000
	税引前当期純利益		5,233
	法人税，住民税及び事業税		2,093
	当期純利益		3,140

（注1） 20X2年度において，繰越利益剰余金を原資とする配当金1,500千円を支払った。

（注2） 20X2年度において，社債5,000千円の償還を行った。

（注3） 20X2年度の土地に関する取引は，売却取引のみである。

（注4） 当社の現金及び現金同等物は現金預金のみである。

キャッシュ・フロー計算書（直接法）

20X2年度　　　　　（単位：千円）

I　営業活動によるキャッシュ・フロー

　　　営業収入　　　　　　　　　　　　　（　　　　　）

　　　商品の仕入支出　　　　　　　　　　（　　　　　）

　　　人件費支出　　　　　　　　　　　　（　　　　　）

　　　その他の営業支出　　　　　　　　　（　　　　　）

　　　　小　計　　　　　　　　　　　　　（　　　　　）

　　（　　　　　　　　　　　）の受取額　（　　　　　）

　　　利息の支払額　　　　　　　　　　　（　　　　　）

　　（　　　　　　　　　　　）の支払額　（　　　　　）

　　　営業活動によるキャッシュ・フロー　（　　　　　）

II　投資活動によるキャッシュ・フロー

　　　有形固定資産（土地）の売却による収入　（　　　　　）

　　　有形固定資産（備品）の取得による支出　（　　　　　）

　　　投資活動によるキャッシュ・フロー　（　　　　　）

III　財務活動によるキャッシュ・フロー

　　　短期借入れによる収入　　　　　　　（　　　　　）

　　　社債の償還による支出　　　　　　　（　　　　　）

　　　配当金の支払額　　　　　　　　　　（　　　　　）

　　　財務活動によるキャッシュ・フロー　（　　　　　）

IV　現金及び現金同等物の増加額　　　　　（　　　　　）

V　現金及び現金同等物期首残高　　　　　（　　　　　）

VI　現金及び現金同等物期末残高　　　　　（　　　　　）

キャッシュ・フロー計算書（間接法）

20X2年度　　　　　（単位：千円）

I　営業活動によるキャッシュ・フロー

　　　税引前当期純利益　　　　　　　　　（　　　　　）

　　　減価償却費　　　　　　　　　　　　（　　　　　）

　　　有形固定資産（土地）の売却益　　　（　　　　　）

　　　受取利息及び配当金　　　　　　　　（　　　　　）

　　　支払利息　　　　　　　　　　　　　（　　　　　）

　　　売上債権の減少額　　　　　　　　　（　　　　　）

　　　棚卸資産の減少額　　　　　　　　　（　　　　　）

　　　仕入債務の減少額　　　　　　　　　（　　　　　）

　　　　小　計　　　　　　　　　　　　　（　　　　　）

　　（　　　　　　　　　　　）の受取額　（　　　　　）

　　　利息の支払額　　　　　　　　　　　（　　　　　）

　　（　　　　　　　　　　　）の支払額　（　　　　　）

　　　営業活動によるキャッシュ・フロー　（　　　　　）

問題 10-13 次の貸借対照表と損益計算書に基づいて，(1)直接法によるキャッシュ・フロー計算書（20X2年度）の①営業収入，②商品の仕入支出および③人件費支出の金額を求めなさい。また，(2)間接法によるキャッシュ・フロー計算書（20X2年度）の「営業活動によるキャッシュ・フロー」の区分を完成しなさい。

貸 借 対 照 表 （単位：千円）

	20X1年度末	20X2年度末	増減額
現金預金	20,200	21,300	1,100
受取手形	5,000	6,000	1,000
売掛金	7,000	6,500	△500
商品	1,100	1,200	100
未収利息	70	30	△40
備品	4,500	2,000	△2,500
投資有価証券	1,200	300	△900
減価償却累計額	(2,100)	(2,100)	(0)
貸倒引当金	(240)	(250)	(10)
資産合計	36,730	34,980	△1,750
買掛金	2,500	2,000	△500
短期借入金	1,000	1,100	100
未払給料	150	300	150
未払利息	30	70	40
未払法人税等	1,000	800	△200
退職給付引当金	850	1,000	150
社債	4,000	2,000	△2,000
資本金	19,300	19,300	0
利益準備金	1,500	1,700	200
繰越利益剰余金	6,400	6,710	310
負債・純資産合計	36,730	34,980	△1,750

損 益 計 算 書
20X2年度　　　　（単位：千円）

I	売上高	19,790
II	売上原価	11,200
	売上総利益	8,590
III	販売費及び一般管理費	2,177
	営業利益	6,413
IV	営業外収益	
	受取利息及び配当金	120
V	営業外費用	
	支払利息	200
	投資有価証券評価損	100
	経常利益	6,233
VI	特別利益	
	投資有価証券売却益	200
VII	特別損失	
	固定資産除却損	2,250
	税引前当期純利益	4,183
	法人税，住民税及び事業税	1,673
	当期純利益	2,510

販売費及び一般管理費の内訳：	
人件費	1,200千円
減価償却費	250千円
貸倒引当金繰入	10千円
退職給付費用	150千円
その他の経費	567千円

（注1）　20X2年度において，繰越利益剰余金を原資とする配当金2,000千円を支払った。

（注2）　20X2年度において，有形固定資産と投資有価証券の新規購入はなかった。

(1) 直接法によるキャッシュ・フロー計算書上の金額

 ① 営業収入　　　　　（　　　　　　　千円）

 ② 商品の仕入支出　　（　　　　　　　千円）

 ③ 人件費支出　　　　（　　　　　　　千円）

(2) 間接法によるキャッシュ・フロー計算書の「営業活動によるキャッシュ・フロー」の区分

（単位：千円）

Ⅰ　営業活動によるキャッシュ・フロー	
税引前当期純利益	（　　　　）
減価償却費	（　　　　）
投資有価証券評価損	（　　　　）
固定資産除却損	（　　　　）
貸倒引当金の増加額	（　　　　）
退職給付引当金の増加額	（　　　　）
受取利息及び配当金	（　　　　）
支払利息	（　　　　）
投資有価証券売却益	（　　　　）
売上債権の増加額	（　　　　）
棚卸資産の増加額	（　　　　）
仕入債務の減少額	（　　　　）
未払給料の増加額	（　　　　）
小　計	（　　　　）
利息及び配当金の受取額	（　　　　）
利息の支払額	（　　　　）
法人税等の支払額	（　　　　）
営業活動によるキャッシュ・フロー	（　　　　）

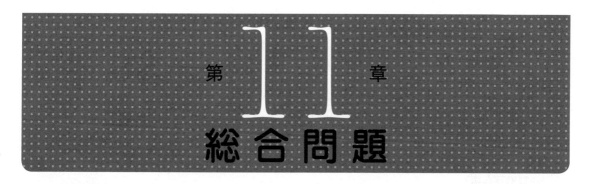

第11章

総合問題

問題 11−1　次の各文章の空欄に当てはまる語句または金額を答えなさい。

1．損益計算書において，営業利益が1,000千円，営業外収益が300千円，営業外費用が100千円であるとき，経常利益は　(1)　千円となる。なお，経常利益に，　(2)　利益と　(2)　損失を加減して税引前　(3)　利益が表示される。

2．　(4)　性資産とは，採取されるに応じてその実体が部分的に製品化される天然資源をいう。当該資産の取得原価の配分は，　(4)　償却によって行われるが，その具体的な計算の内容は，生産高比例法と同様である。

3．取替法は，老朽品の部分的取替を繰り返すことによって全体の機能が維持される取替資産に対して適用される費用配分の方法であり，通常の減価償却とは異なり，老朽品の取替に要した支出を　(5)　的支出として処理する方法である。例えば，1,000本（取得原価@10千円）のレールから構成される取替資産について，80本（取得原価@11千円）を取替更新した場合，　(5)　的支出として処理される額は，　(6)　千円となる。

4．X1年度期首において，　(7)　目的のソフトウェアの制作費30,000千円を無形固定資産として計上した（減価償却は，残存価額をゼロとし，製品の販売数量を基準とする生産高比例法によって行う）。このソフトウェアについて，有効期間は3年と見積もられ，当該ソフトウェアを使用して製造される製品の販売数量は6,000個と見積られた。X1年度における実際の製品販売数量が2,800個であったとき，X1年度における減価償却費は　(8)　千円となる。

5．4．に引き続き，X2年度の期首において，以降の見積販売数量を2,500個に修正した。X2年度における実際の製品販売数量は1,000個であったとき，X2年度における減価償却費は　(9)　千円となる。

(1)		(2)		(3)	
(4)		(5)		(6)	
(7)		(8)		(9)	

問題 11−2　次の決算整理前残高試算表（一部）と決算整理事項から，当期の損益計算書（営業利益まで）を作成しなさい。計算過程で端数が生じる場合には，千円未満を四捨五入すること。

売　掛　金	68,000	貸倒引当金	800
繰　越　商　品	50,000	売　　上	370,000
仕　　入	277,000		
売　上　値　引	2,000		
販　売　費	30,000		
一　般　管　理　費	20,000		

〔決算整理事項〕

1．当社は，商品の期末評価を売価還元法によって行っている。

期首商品棚卸高（売価）	70,000千円
原始値入高	88,000千円
値　上　額	3,000千円
値　下　額	2,000千円

2．決算手続中に商品20,000千円が販売済（掛）であることが判明した。

3．商品の期末実地棚卸高（売価）は36,000千円であった。棚卸減耗損は，売上原価の内訳項目として表示する。

4．売上値引は，販売後，軽微な損傷などの理由から事後的に付されたものである。

5．売掛金の期末残高に対して，2％の貸倒引当金を差額補充法により設定する。

損 益 計 算 書 　　（単位：千円）

Ⅰ　売上高		（　　　　　）	
Ⅱ　売上原価			
1　期首商品棚卸高	（　　　　　）		
2　当期商品仕入高	（　　　　　）		
合　計	（　　　　　）		
3　期末商品棚卸高	（　　　　　）		
差　引	（　　　　　）		
4　棚卸減耗損	（　　　　　）	（　　　　　）	
売上総利益		（　　　　　）	
Ⅲ　販売費及び一般管理費			
1　販　売　費	（　　　　　）		
2　一般管理費	（　　　　　）		
3　貸倒引当金繰入	（　　　　　）	（　　　　　）	
営業利益		（　　　　　）	

問題 11-3　次の資料に基づいて，次の各問に答えなさい。なお，計算過程で端数が生じる場合は円未満を四捨五入すること。

① X5年度およびX6年度における，建物，備品，車両運搬具，およびソフトウェアに係る減価償却費（資産除去債務に係る利息費用を含む）

② X5年度およびX6年度における，建物（減価償却累計額控除後），備品（同），車両運搬具（同），

ソフトウェア，資産除去債務および圧縮記帳積立金の各期末残高

[資　料]

1．X5年度末における決算整理前残高試算表は，次のとおりである。

決算整理前残高試算表（一部）

建　　　　　物	13,000,000	建物減価償却累計額	5,200,000
機　械　装　置	7,500,000	備品減価償却累計額	2,100,000
備　　　　　品	3,072,000	車両運搬具減価償却累計額	300,000
車　両　運　搬　具	3,000,000	資　産　除　去　債　務	3,509,576
ソ　フ　ト　ウ　ェ　ア	2,400,000	圧　縮　記　帳　積　立　金	5,000,000

2．建物は，X1年度期首に¥10,000,000で取得したものであり，耐用年数10年，残存価額ゼロの定額法によって減価償却を行っている。当該建物については，取得時において，資産除去債務を計上している（除去時における支出額が¥4,440,733，割引率が年4％と見積もられた）。また，X6年度期首において，除去時における支出額の見積りを¥4,866,612と修正した（見積り修正時の割引率も年4％とする）。資産除去債務に係る利息費用は，減価償却費に含める。

3．機械装置は，X5年度期首において国庫補助金¥5,000,000を受け取って取得したものであり，圧縮記帳（間接控除方式）を行うとともに，減価償却は耐用年数10年，200％定率法によって行っている。保証率は0.06552，改定償却率は0.250である。なお，税効果会計は適用しない。

4．備品は，X1年度期首に取得したもので，耐用年数8年，残存価額ゼロの200％定率法によって減価償却を行っている。保証率は0.07909，改定償却率は0.334である。

5．車両運搬具には，生産高比例法を適用する。残存価額はゼロ，総見積走行可能距離は100,000km，X5年度における走行距離は20,000km，X6年度における走行距離は25,000kmであった。

6．ソフトウェアは，市場販売目的のものであり，X5年度期首に¥2,400,000で取得したものある。見込販売数量を基準とする生産高比例法を適用し，有効期間は3年と見積もった。取得時における見込販売数量は8,000個，X5年度における実際の販売数量は3,000個であった。X6年度期首における見込販売数量は4,000個，X6年度における実際の販売数量は1,800個であった。

①　減価償却費	X5年度	X6年度
建　　　　　物		
機　械　装　置		
備　　　　　品		
車　両　運　搬　具		
ソ　フ　ト　ウ　ェ　ア		

② 期末残高	X5年度	X6年度
建　　　　物		
機 械 装 置		
備　　　　品		
車 両 運 搬 具		
ソ フ ト ウ ェ ア		
資 産 除 去 債 務		
圧 縮 記 帳 積 立 金		

問題 11−4　次の資料に基づいて，下記の各問に答えなさい。金額は端数を四捨五入しなさい。

[資　料]

1．当社は，C社に製品XとサービスYを販売する契約を締結した。取引価格は，総額で3,600千円であった。

2．契約締結時点における製品XとサービスYの独立販売価格は，それぞれ3,000千円と1,000千円であった。また，製品Xの製造原価は2,000千円，サービスYの役務原価（サービスYの提供に対して比例的に発生する）は540千円であった。

3．当社は，契約に従い，当期（第1期）中に，C社に対して製品Xを販売し，代金は現金で受け取った。また，当社は，当期（第1期）中に，サービスYの3分の1を提供した。

4．当社は，契約に従い，翌期（第2期）中に，サービスYの3分の2を提供した。

問1　契約時点において製品Xの引渡しに係る履行義務に対して配分される取引価格の金額を求めなさい。

問2　当期（第1期）において認識される①収益の総額および②営業利益を求めなさい。

問3　翌期（第2期）において認識される①収益の総額および②営業利益を求めなさい。

問1		千円		
問2	①	千円	②	千円
問3	①	千円	②	千円

問題 11−5　次の工事契約について，X1年度，X2年度およびX3年度の工事収益，工事原価，工事損失引当金繰入，および工事損失引当金残高を求めなさい。なお，工事進行基準を適用し，工事進捗度は原価比例法で計算すること。なお，工事収益の計算上，端数が生じた場合は，小数点以下を四捨五入し，千円単位まで求めなさい。会計期間は1年であり，決算日は毎年3月31日とする。

X1年度　請負総額840,000千円（見積総工事原価750,000千円）の工事に着手し，工事原価200,000千円を支出した。

X2年度　工事原価300,000千円を支出した。X3年度以降における工事原価は300,000千円と見積られた。

X3年度　工事原価250,000千円を支出した。X4年度以降における工事原価は150,000千円と見積られた。

（単位：千円）

	X1年度	X2年度	X3年度
工　事　収　益			
工　事　原　価			
工事損失引当金繰入			
工　事　損　益			
工事損失引当金残高			

（注）　工事損益が損失の場合には，金額の前に「△」を付すこと。

問題 **11－6**　次の資料に基づいて，下記の各問に答えなさい。なお，当社は，３月31日に終了する１年を事業年度としている。また，計算上，円未満が生じた場合は，四捨五入して円単位で示すこと。

[資　料]

1．X4年４月１日において，額面総額￥5,000,000，年利率１％（利払日は毎年３月31日）の社債を発行し，払込金￥4,927,548は当座預金とした。なお，当該社債は，X5年３月31日から￥1,000,000ずつ分割償還する。

2．X5年３月31日に，１回目の分割償還を行い，償還金は利息と合わせて当座預金から支払った。

問１　利息の配分を定額法（社債の未償還残高を基準として級数計算する方法）によった場合，[資料]の１～２の取引について，仕訳をしなさい。

問２　利息の配分を利息法（複利計算する方法）によった場合，X4年度およびX5年度の貸借対照表および損益計算書における以下の各金額を求めなさい。実効利子率は年1.5%であった。なお，償還金と利息は予定どおり支払われている。

① 社債

② 社債利息

問１

番号	借　方　科　目	金　　額	貸　方　科　目	金　　額
1				
2				

問２

	X4年度	X5年度
① 社債		
② 社債利息		

83

次の各文章の空欄に当てはまる語句または金額を答えなさい。

1. 「収益認識に関する会計基準」の基本となる原則は，約束した財又はサービスの顧客への ［(1)］ を当該財又はサービスと交換に企業が権利を得ると見込む ［(2)］ の額で描写するように，収益を認識することである。この基本となる原則に従って収益を認識するためには，まず，顧客との ［(3)］ を識別し，［(3)］ における ［(4)］ 義務を識別する。なお，［(4)］ 義務に取引価格を配分するに際しては，約束した別個の財又はサービスの ［(5)］ の比率に基づき，それぞれの ［(4)］ 義務に取引価格を配分する。

2. 株式会社の ［(6)］ の部には，株主資本と株主資本以外の各項目が記載される。株主資本の部には，資本金，資本 ［(7)］ および利益 ［(7)］ が記載され，資本 ［(7)］ は資本 ［(8)］ とその他資本 ［(7)］ に区分される。［(9)］ 株式は，株主資本の末尾において一括して ［(10)］ する。個別貸借対照表において，株主資本以外の各項目には，評価・［(11)］ 差額等，株式 ［(12)］ 権および新株予約権が含まれる。

3. 会計上の ［(13)］ の変更は，当該変更が変更期間のみに影響する場合には，当該変更期間に会計処理を行い，当該変更が将来の期間にも影響する場合には，将来にわたり会計処理を行う。例えば，取得原価120,000千円の建物を耐用年数25年，残存価額ゼロ，定額法で減価償却を行ってきた場合において，5年経過後の当期首において残存耐用年数を15年と見積もった場合，当期の減価償却費は ［(14)］ 千円，当年度末の減価償却累計額は ［(15)］ 千円となる。

(1)		(2)		(3)	
(4)		(5)		(6)	
(7)		(8)		(9)	
(10)		(11)		(12)	
(13)		(14)		(15)	

問題 11-8 次の［資料］に基づいて，X6年度末（X7年3月末日）における純資産の部の表示を示しなさい。

[資料1] X5年度末（X6年3月末日）の各勘定の貸方残高は，以下のとおりである。

　資本金　　　　800,000千円　　資本準備金　　　　100,000千円　　その他資本剰余金　5,000千円

　利益準備金　　60,000千円　　その他利益剰余金　140,000千円

[資料2] X6年度の純資産の増減を生ずる取引は，以下のとおりである。

① X6年6月の定時株主総会において，その他利益剰余金から配当金10,000千円を支払い（当座預金），必要な準備金を積み立てる。また，自己株式の取得枠を30,000千円とする決定をした。

② 自己株式16,000千円（@800円×20千株）を取得し，当座預金から支払った。同時に，10千株は消却し，その他資本剰余金を減少させることとした。

③ X6年9月の取締役会において，その他利益剰余金から中間配当金8,000千円を支払い（当座預金），必要な準備金を積み立てる。

④ 新株50千株の発行とともに，②の自己株式のうちの5千株の処分を@700円で行い，払込金は当座預金とした。なお，自己株式処分差損を控除した資本金等増加額の2分の1は，資本金として計上しないこととした。

⑤ X6年度の決算につき，ストック・オプションに関する費用を計上する。当年度期首において，従業員に対してストック・オプション50千個（公正な評価額@100円）を交付している。権利確定までの期間は3年であり，すでに2千個が退職等により失効しているが，さらに権利確定までに6千個の失効が生ずるものと見込んでいる。

⑥ 以上の結果，X6年度の当期純利益36,000千円を計上した。また，その他資本剰余金の借方残高は，その他利益剰余金に振り替える。

貸 借 対 照 表

X7年3月31日（X6年度末）現在　　（単位：千円）

純資産の部

Ⅰ　株 主 資 本
　1．資　本　金　　　　　　　　　　　　　（　　　　　）
　2．資本剰余金
　　　資本準備金　　　　（　　　　　）
　　　その他資本剰余金　（　　　　　）　（　　　　　）
　3．利益剰余金
　　　利益準備金　　　　（　　　　　）
　　　その他利益剰余金　（　　　　　）　（　　　　　）
　4．自 己 株 式　　　　　　　　　　　　（　　　　　）
　　　株主資本合計　　　　　　　　　　　（　　　　　）
Ⅱ（　　　　　　　　　　）　　　　　　　（　　　　　）
　　　純資産合計　　　　　　　　　　　　（　　　　　）

問題 11-9 千代田ソリューション株式会社のX3年度（X3年4月1日からX4年3月31日まで）における次の決算整理前残高試算表と決算整理事項に関する資料にもとづいて，同社の貸借対照表と損益計算書を作成しなさい。また，繰延税金資産および繰延税金負債の発生の主な原因別の内訳の注記を示しなさい。計算過程で生じた端数は四捨五入し，解答は千円単位で答えなさい。

決算整理前残高試算表 （単位：千円）

現 金 預 金	39,732	買 掛 金		11,000
売 掛 金	6,000	貸 倒 引 当 金		100
電 子 記 録 債 権	10,000	社 債		98,400
商 品	8,000	資 産 除 去 債 務		3,183
建 物	93,000	繰 延 税 金 負 債		599
備 品	15,000	建物減価償却累計額		12,400
土 地	200,000	備品減価償却累計額		6,000
ソ フ ト ウ ェ ア	1,750	資 本 金		50,000
売 上 原 価	90,000	資 本 準 備 金		50,000
販 売 費	20,000	固定資産圧縮積立金		1,800
一 般 管 理 費	28,000	繰 越 利 益 剰 余 金		88,000
社 債 利 息	2,000	売 上 高		200,000
仮 払 法 人 税 等	8,000			
	521,482			521,482

〔決算整理事項〕

1. 商品のうち原価3,000千円分について，正味売却価額が2,800千円であった。商品評価損は，売上原価に含める。

2. 売掛金のうち2,000千円については財務内容評価法によって1,000千円と評価する。残りの売掛金と電子記録債権については，残高の1％の貸倒引当金を設定する。

3. 建物はX1年度期首に取得したものであり，取得原価90,000千円（資産除去費用を含まない），耐用年数15年，残存価額ゼロの定額法によって減価償却を行っている。決算整理に際して当年度の減価償却費を計上する。

4. 備品はX2年度期首に取得したものであり，耐用年数5年の200％定率法によって減価償却を行っている。決算整理に際して当年度の減価償却費を計上する。なお，5,000千円は国庫補助金によって取得したものであり，当社は積立金方式による圧縮記帳を行っている。

5. ソフトウェアはX2年度期首に市場販売目的で取得したものであり，期間3年，見込販売数量を基準とする生産高比例法によって償却を行っている。X2年度期首における3年間の見込販売数量は2,400個，X2年度の実際の販売数量が1,000個であった。X3年度期首において残り2年の見込販売数量を1,000個に変更した。X3年度における実際の販売数量は400個であった。

6. 社債は，X2年度期首に額面総額100,000千円を＠98円，期間5年，利率年2％，利払日年1回3月末日の条件で発行したものである。償却原価法の適用は，定額法による。

7. 資産除去費用は，建物の取得時点において耐用年数が経過する時点において4,674千円生じるものと見積もられた。割引率は3％とする。利息費用は，減価償却費に含める。

8. 法人税・住民税・事業税を20,000千円計上する。なお，未払法人税等として計上する額のうち，

1,000千円は事業税にかかるものであった。

9. 税効果会計を適用する。将来の予定実効税率は，各年度を通じて40％で一定とする。一時差異の原因は，①商品評価損の全額，②未払事業税の全額，③貸倒引当金の全額，④資産除去債務の全額，⑤資産除去債務に対応する簿価増加額のうち未償却残高，および⑥圧縮記帳積立金（税引前）に限るものとする。貸借対照表上は，流動・固定の区別なく，繰延税金資産または繰延税金負債の純額を計上する。なお，繰延税金資産の回収可能性に疑義はないものとする。

貸 借 対 照 表　　　　　　　　　　（単位：千円）

現 金 預 金	（　　　）	買 掛 金	（　　　）
売 掛 金 （　　　）		未 払 法 人 税 等	（　　　）
貸 倒 引 当 金 （　　　）	（　　　）	社 債	（　　　）
電 子 記 録 債 権 （　　　）		資 産 除 去 債 務	（　　　）
貸 倒 引 当 金 （　　　）	（　　　）	資 本 金	（　　　）
商 品	（　　　）	資 本 準 備 金	（　　　）
建 物 （　　　）		固 定 資 産 圧 縮 積 立 金	（　　　）
減 価 償 却 累 計 額 （　　　）	（　　　）	繰 越 利 益 剰 余 金	（　　　）
備 品 （　　　）			
減 価 償 却 累 計 額 （　　　）	（　　　）		
土 地	（　　　）		
ソ フ ト ウ ェ ア	（　　　）		
繰 延 税 金 資 産	（　　　）		
	（　　　）		（　　　）

損 益 計 算 書　　　　　　　　　　（単位：千円）

売 上 原 価	（　　　）	売 上 高	（　　　）
販 売 費	（　　　）	法 人 税 等 調 整 額	（　　　）
一 般 管 理 費	（　　　）		
貸 倒 引 当 金 繰 入	（　　　）		
減 価 償 却 費	（　　　）		
ソ フ ト ウ ェ ア 償 却	（　　　）		
社 債 利 息	（　　　）		
法人税・住民税・事業税	（　　　）		
当 期 純 利 益	（　　　）		
	（　　　）		（　　　）

繰延税金資産および繰延税金負債の発生の主な原因別の内訳の注記

	X3年3月31日現在	X4年3月31日現在
繰延税金資産		
商品評価損	–	（　　　　　）
未払事業税	320	（　　　　　）
貸倒引当金	48	（　　　　　）
資産除去債務	1,273	（　　　　　）
繰延税金負債		
建物	△1,040	（　　　　　）
固定資産圧縮積立金	△1,200	（　　　　　）
繰延税金資産（負債）の純額	△599	（　　　　　）

注　貸方金額には△を付すこと。

解 答 編

■以下の「解答編」は，取りはずしてご利用
　いただくことが可能です。取りはずす場合
　には，この色紙は残したまま，「解答編」
　をゆっくり引き離してください。

検定簿記ワークブック
1級 商業簿記・会計学 上巻
〔解答編〕

中央経済社

第1章 会計の意義と役割

問題 1-1

a	制度	b	会社法	c	金融商品取引法
d	法人税法	e	財務	f	管理
g	記録	h	測定	i	報告（または伝達）
j	会計	k	受託	l	確定決算

ｇ ｈ ｉは，順不同

問題 1-2

会計の役割としてはいくつかのものがあるが，まず第一に，経済財の分配手段，第二に，受託責任の解明手段，そして第三に，管理のための手段をあげることができる。

第2章 会計公準と会計基準

問題 2-1

a	前提	b	会計公準
c	企業実体	d	継続企業
e	貨幣的評価	f	会計期間または期間計算

問題 2-2

a	財政状態	b	経営成績
c	真実な報告	d	正規の簿記
e	会計帳簿	f	損益取引
g	資本剰余金	h	利益剰余金
i	明瞭	j	処理の原則及び手続
k	不利な影響	l	健全
m	異なる形式	n	信頼しうる
o	真実な表示		

原　　則	記　号
真実性の原則	c
正規の簿記の原則	c
剰余金区分の原則	a
明瞭性の原則	b
継続性の原則	c
保守主義の原則	a
単一性の原則	b

解説

1．正規の簿記の原則は，「企業会計原則」第三　貸借対照表原則の一のただし書きに「ただし，正規の簿記の原則に従って処理された場合に生じた……」とあるところから，簿外資産と簿外負債は，正規の簿記の原則に従った処理ということで，処理原則も含まれていると解釈し得る。

2．継続性の原則については，一般原則の文言を読む限りにおいては，処理原則として理解できるが，その精神に従って解釈すれば，表示についても継続性を要請しているとみることができる。

第3章
資産会計

問題 3-1

	適　当　な　用　語
a	取引または事象
b	経済的資源
c	キャッシュの獲得に貢献する便益
d	認識
e	自己発生のれん

解説

eについては人間資産等をあげてもよい。

問題 3-2

	甲	乙		甲	乙
①	a	d	②	b	e
③	b	e	④	a	d
⑤	a	c	⑥	b	d
⑦	a	e	⑧	a	d
⑨	b	e	⑩	a	c

問題 3-3

(1)	時価（公正価値）とは，算定日において市場参加者間で秩序ある取引が行われると想定した場合の，当該取引における資産の売却によって受け取る価格又は負債の移転のために支払う価格をいう。
(2)	時価で評価される資産　（　c　）
	時価で評価される理由
	事業用資産であれば，事業目的のために拘束された資金額であるため，売買等を考えていないが，金融資産は，売買目的，投機目的等で所有されるため，資金額が拘束されているわけではなく，期末現在の売却可能額で評価される。

問題 3-4

	同じ点	異なる点
再調達原価	両者ともに，ある意味では現在時点での時価を表している。	現在時点において，当該資産を再び買うとした場合の価額
正味実現可能価額		現在時点において，当該資産を売るとした場合の価額（アフターコスト控除後）

問題 3-5

	記　号		記　号		記　号
①	b	②	a　d　e　f	③	a　f
④	a　c　e	⑤	a　f	⑥	e
⑦	a　c　f	⑧	a　c　f		

問題 3-6

	正誤	誤っている箇所	正しい文章
例	×	取得原価に算入しない。	取得原価に算入する。
①	○		
②	×	取得原価に算入する。	取得原価に算入しない。
③	×	ことも認められる。	ことは認められない。
④	×	その他の包括利益	当期の損益

損 益 計 算 書　　　（単位：千円）

Ⅰ　売　上　高		（　72,300）
Ⅱ　売　上　原　価		
期首商品棚卸高	（　6,000）	
当期商品仕入高	（　50,500）	
合　　　計	（　56,500）	
期末商品棚卸高	（　9,000）	
差　　　引	（　47,500）	
商 品 評 価 損	（　878）	（　48,378）
売 上 総 利 益		（　23,922）
Ⅲ　販売費及び一般管理費		
棚 卸 減 耗 損	（　750）	（　750）
営 業 利 益		（　23,172）

商品の貸借対照表価額：（　7,372　）千円

解説

（借）　仕　　　　　入	6,000	（貸）　繰　越　商　品	6,000
（借）　繰　越　商　品	9,000	（貸）　仕　　　　　入	9,000*1
（借）　棚　卸　減　耗　損	750*2	（貸）　繰　越　商　品	1,628
商　品　評　価　損	878*3		

*1　原価@75千円×帳簿棚卸数量120個＝9,000千円

*2　原価@75千円×（帳簿棚卸数量120個－実地棚卸数量110個）＝750千円

*3　（原価@75千円－正味売却価額@68*4千円）×良品（実地棚卸数量110個－品質低下品6個）

　　　＋（原価@75千円－評価額@50千円）×品質低下品6個＝878千円

*4　売価@70千円－見積販売直接経費@2千円＝@68千円

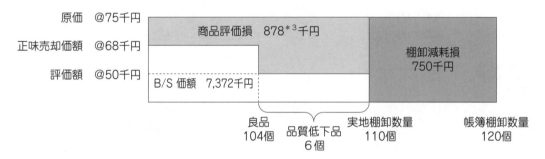

（単位：円）

ケース	評価方法	売上原価	商品廃棄損	商品評価損	試供品費
（ア）	総 平 均 法	37,156	1,860	120	744
（イ）	移 動 平 均 法	37,170	1,850	120	740
（ウ）	先 入 先 出 法	37,150	1,800	210	720

解説

（ア）　総平均法

単　　価：受入金額合計45,340円÷受入数量合計244箱≒186円

売上原価：受入金額合計45,340円－次期繰越186円×30箱－試供品186円×4箱－品痛み186円×10箱

5

$=37,156$円

端数計算調整により売上原価は差し引きで計算する。

商品評価損：（単価186円－期末時価182円）×期末数量30箱＝120円

(イ) 移動平均法

日付	摘　　要	受　入			払　出			残　高		
		数量	単価	金額	数量	単価	金額	数量	単価	金額
4/1	前期繰越	20	180	3,600				20	180	3,600
5/1	K社より仕入	100	186	18,600				120	185	22,200
6/1	L社へ試供品として提供				4	185	740	116	185	21,460
7/1	M社より仕入	74	185	13,690				190	185	35,150
12/1	品傷みにより廃棄				10	185	1,850	180	185	33,300
2/1	M社より仕入	50	189	9,450				230	186	42,750
3/1	L社へ販売				200	186	37,170※	30	186	5,580
3/31	商品評価損				(30)	4	120	30	182	5,460
〃	次期繰越				30	182	5,460			
	合　計	244		45,340	244		45,340			

※端数計算調整により42,750円－5,580円＝37,170円となる。

(ウ) 先入先出法

試供品　　4箱×180円＝720円

廃棄品　　10箱×180円＝1,800円

商品評価損　　30箱×（189円－182円）＝210円

売上原価　　200箱内訳

6箱×180円
100箱×186円
74箱×185円　　計　37,150円
20箱×189円

問題 3-9

問1

損益計算書　　　　（単位：千円）

Ⅰ　売　上　高　　　　　　　　（　　204,000）

Ⅱ　売　上　原　価

期首商品棚卸高　　（　　31,000）

当期商品仕入高　　（　　147,750）

合　　　計　　（　　178,750）

期末商品棚卸高　　（　　32,890）

差　　　引　　（　　145,860）

棚卸減耗損　　（　　1,430）

商品評価損　　（　　3,360）　（　　150,650）

売上総利益　　　　　　　（　　53,350）

問2

商品評価損	2,860千円
貸借対照表価額	28,600千円

6

問1

1．原価率算定 $= \dfrac{178{,}750 \text{千円}}{250{,}000 \text{千円}} = 0.715$

2．期末商品帳簿棚卸高（売価）の算定

商品（売価）

期首　34,000千円	
153,250千円＋83,500千円 （仕入）　　　（値入） －9,000千円　＋16,500千円 （仕入戻し）　（値上額） －3,250千円　－25,000千円 （値上取消）　（値下額） ＝216,000千円	219,000千円－15,000千円 （売上）　　　（売上戻り） ＝204,000千円
	期末　46,000千円 （貸借差額）

3．商品評価

商品評価損　3,360千円	棚卸減耗損 1,430千円
貸借対照表価額 （正味売却価額） 28,100千円	

4．損益計算書の数値

売上高：当期売上高219,000千円－売上戻り15,000千円＝204,000千円

期首商品棚卸高：問題文より　31,000千円

当期商品仕入高：当期仕入高153,250千円－仕入戻し5,500千円＝147,750千円

期末商品帳簿棚卸高：帳簿棚卸高（売価）46,000千円×原価率0.715＝32,890千円

棚卸減耗損：（帳簿棚卸高（売価）46,000千円－実地棚卸高（売価）44,000千円）×0.715＝1,430千円

期末商品実地棚卸高：実地棚卸高（売価）44,000千円×原価率0.715＝31,460千円

商品評価損：期末商品実地棚卸高31,460千円－正味売却価額28,100千円＝3,360千円

問2

1．原価率算定　$\dfrac{178{,}750 \text{千円}}{275{,}000 \text{千円}} = 0.65$

2．商品評価

商品評価損　2,860千円	棚卸減耗損 1,430千円
貸借対照表価額 （正味売却価額） 28,600千円	

問題 3−10

	借　方　科　目	金　　額	貸　方　科　目	金　　額
(1)	仕　　　　　入	136,100	繰　越　商　品	136,100
	繰　越　商　品	369,200	仕　　　　　入	369,200
	棚　卸　減　耗　損	5,680	繰　越　商　品	10,330
	商　品　評　価　損	4,650		
(2)	仕　　　　　入	146,200	繰　越　商　品	146,200
	繰　越　商　品	369,200	仕　　　　　入	369,200
	棚　卸　減　耗　損	5,680	繰　越　商　品	10,330
	商　品　評　価　損	4,650		

棚卸減耗損の表示区分	売上原価の内訳科目または販売費及び一般管理費
商品評価損の表示区分	売上原価の内訳項目

解説

前期末

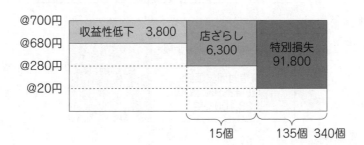

当期末

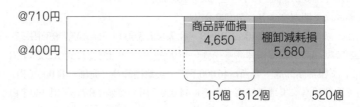

　前期において特別損失に計上された商品評価損は，洗替え法による場合によっても洗替えは行わない。したがって，それ以外の原因による商品評価損のみを期首に振り戻す。また，期末において商品の正味売却価額が取得原価を上回っている場合でも，評価益の計上や簿価の切上げは行わない。

問題 3−11

(A)	車　　　　両	835,625円
(B)	備　　　　品	503,500円
(C)	建　　　　物	1,193,250円
(D)	土　　　　地	1,500,000円

解説

１．現物出資

　現物出資により固定資産を取得した場合には，出資物の公正な評価額をもって取得原価とする。

　したがって，車両の取得原価は875,000円であり，貸借対照表価額は，

$$875{,}000円 - 875{,}000円 \times 0.9 \times \frac{9\,カ月}{償却期間15年 \times 12\,カ月} = 835{,}625円\ となる。$$

2．贈与

　贈与による取得原価は時価等を基準とした公正に評価した額をもって算定される。したがって，備品の取得原価は570,000円であり，貸借対照表価額は，

$$570{,}000円 - 570{,}000円 \times 0.2^{*} \times \frac{7\,カ月}{12\,カ月} = 503{,}500円\ となる。$$

　＊償却率　$1 \div$ 耐用年数10年 $\times 200\% = 0.2$

3．購入

　建物の付属設備については建物に含めて処理する。したがって，建物の取得原価は1,200,000円であり，貸借対照表価額は，

$$1{,}200{,}000円 - 1{,}200{,}000円 \times 0.9 \times \frac{3\,カ月}{償却期間40年 \times 12\,カ月} = 1{,}193{,}250円\ となる。$$

4．交換

　自己所有の有価証券と交換で取得した場合，有形固定資産の取得原価は当該有価証券の時価または適正な簿価をもって算定される。

　したがって，土地の取得原価および貸借対照表価額は1,500,000円である。

問題 3-12

〔建　　物〕

借　方　科　目	金　　額	貸　方　科　目	金　　額
建　　　　物	180,000	修　　繕　　費	180,000
建物減価償却費	13,680	建物減価償却累計額	13,680

〔車両運搬具〕

借　方　科　目	金　　額	貸　方　科　目	金　　額
車両運搬具減価償却費	64,800	車両運搬具減価償却累計額	64,800

〔備　　品〕

借　方　科　目	金　　額	貸　方　科　目	金　　額
備品減価償却費	41,840	備品減価償却累計額	41,840

解説

1．建物

$$資本的支出\quad 300{,}000円 \times \frac{延長耐用年数15年}{使用可能期間25年} = 180{,}000円$$

減価償却費　$\{(1{,}000{,}000円 + 180{,}000円) \times 0.9 - 決算整理前建物減価償却累計額720{,}000円\} \div 25年 = 13{,}680円$

2．車両運搬具

$$840{,}000円 \times 0.9 \times \frac{9}{105^{*}} = 64{,}800円$$

$$*\quad \frac{14 \times (14+1)}{2} = 105$$

3．備品（減価償却方法の変更）

$(500{,}000円 \times 0.9 - 決算整理前備品減価償却累計額240{,}800円) \div (7年 - 2年) = 41{,}840円$

問題 3−13

(A)	特　許　権	33,500,000円
(B)	商　標　権	108,500,000円
(C)	鉱　業　権	130,375,000円
(D)	借　地　権	60,000,000円

解説

1．特許権

決算整理前残高は，

$$40,000,000円 - 40,000,000円 \times \frac{27カ月}{法定存続期間20年 \times 12カ月} = 35,500,000円であり，$$

貸借対照表上の特許権の金額は，

35,500,000円 − 40,000,000円 ÷ 20年 = 33,500,000円となる。

2．商標権

貸借対照表上の商標権の金額は，

$$112,000,000円 - 112,000,000円 \times \frac{3カ月}{法定存続期間8年 \times 12カ月} = 108,500,000円となる。$$

3．鉱業権

貸借対照表上の鉱業権の金額は，

$$140,000,000円 - 140,000,000円 \times \frac{13,750トン}{200,000トン} = 130,375,000円となる。$$

4．借地権

非償却性資産のため償却しない。

問題 3−14

	甲　社	乙　社
純　資　産　額　法	500,000円	200,000円
収　益　還　元　価　値　法	125,000円	100,000円
の　れ　ん　償　却　額	6,700円	

解説

1．純資産額法

甲社：諸資産1,000,000円 − 諸負債500,000円 = 500,000円

乙社：諸資産600,000円 − 諸負債400,000円 = 200,000円

2．収益還元価値法

甲社：自己資本500,000円 × 自己資本利益率4％ ÷ 資本還元率16％ = 125,000円

乙社：自己資本200,000円 × 自己資本利益率5％ ÷ 資本還元率10％ = 100,000円

3．両方法による折衷

甲社：（500,000円 + 125,000円）÷ 2 = 312,500円

乙社：（200,000円 + 100,000円）÷ 2 = 150,000円

4．合併比率の算定

$$\frac{乙社企業評価額150,000円 ÷ 1,500株}{甲社企業評価額312,500円 ÷ 2,500株} = 0.8$$

5．交付株式数の算定

　乙社発行済株式総数1,500株×合併比率0.8＝1,200株

6．合併仕訳　（単位：円）

（借）諸　　資　　産	700,000	（貸）諸　　負　　債	450,000
の　　れ　　ん	134,000	資　　本　　金	384,000

　＊　320円×1,200株＝384,000円

7．のれん償却額

　134,000円÷20年＝6,700円

問題 3-15

創　立　費	6,400,000円
開　業　費	3,920,000円
開　発　費	35,280,000円
株式交付費	0円
社債発行費	16,250,000円

解説

1．創立費

　株式の発行費用であるが，設立時の株式発行に係るものであるため，創立費として処理する。

　したがって，貸借対照表上の創立費の金額は，

$$8,000,000円 - 8,000,000円 \times \frac{1年}{償却期間5年} = 6,400,000円となる。$$

2．開業費

　開業費の取得原価は広告費2,095,000円＋水道光熱費1,730,000円＋事務用消耗品費975,000円＝4,800,000円である。したがって，貸借対照表上の開業費の金額は，

$$4,800,000円 - 4,800,000円 \times \frac{11カ月^*}{償却期間5年 \times 12カ月} = 3,920,000円となる。$$

　＊開業費は「開業のとき」から償却開始であり，「開業のとき」には営業の一部を開業したときも含む。

3．開発費（市場の開拓のための費用）

　支出の効果が期待されなくなった繰延資産は，その未償却残高を一時に償却しなければならない。

　したがって，貸借対照表上にこの開発費は計上されない。

4．開発費（新経営組織の採用）

　新経営組織の採用に関する貸借対照表上の開発費の金額は，

$$37,800,000円 - 37,800,000円 \times \frac{4カ月}{償却期間5年 \times 12カ月} = 35,280,000円となる。$$

5．株式交付費

　株式の分割や株式無償割当てなどに係る費用は，繰延資産には該当せず，株式交付費として支出時に営業外費用として処理する。

6．社債発行費

　貸借対照表上の社債発行費の金額は，

$$20,000,000円 - 20,000,000円 \times \frac{9カ月}{償還期間4年 \times 12カ月} = 16,250,000円となる。$$

問題 4−1

	正誤	正しい内容
(1)	×	債務保証契約を締結しても，自社が債務者に代わって弁済しなければならない可能性が高くない限り債務保証損失引当金は計上してはならない。
(2)	○	
(3)	×	有形固定資産の取得時に撤去しなければならない義務が発生している場合は，取得時に負債として資産除去債務を計上しなければならない。
(4)	×	資産除去債務の割引計算で用いる割引率は，貨幣の時間価値を反映した無リスクの利率である。
(5)	×	時の経過による資産除去債務の調整額は，関連する有形固定資産の減価償却費と同じ区分に表示するため，営業外費用とは限らない。

解説

(1) 引当金は，計上要件の4つをすべて満たした場合のみ計上しなければならない。そこで，要件の1つである発生の可能性が高いこと等を満たしていない場合は，債務保証損失引当金を計上してはならない。

(2) 修繕引当金は企業の判断で修繕を行わないこともできるため，義務またはその同等物とはいえない。ただし，日本の会計基準では負債の定義にかかわらず引当金の要件を満たした場合には，修繕引当金を計上しなければならない。

(3) 資産除去債務は，発生時に負債を計上するとともに同額だけ有形固定資産の帳簿価額を増やす。そこで，有形固定資産の帳簿価額を増やした部分は減価償却を通じて費用処理されることからすれば，使用に応じて費用計上されているといえる。しかし，負債については取得時に計上するため誤りである。

(4) 企業の追加借入利子率には，その企業が債務不履行になるリスク（信用リスク）が反映されているため，無リスクの利子率とは異なる。

(5) 関連する有形固定資産の減価償却費と同じ区分に表示するため，製造業の工場等では売上原価（製造原価），通常の販売および一般管理活動の場合は販売費及び一般管理費，賃貸不動産の場合は営業外費用となる。

問題 4−2

	借 方 科 目	金 額	貸 方 科 目	金 額
(1)	当 座 預 金	944,000	社 債	944,000
	社 債 発 行 費	30,000	当 座 預 金	30,000
(2)	社 債 利 息	18,880	当 座 預 金	10,000
			社 債	8,880
(3)	社 債 利 息	9,529	未 払 社 債 利 息	5,000
			社 債	4,529
	社債発行費償却	7,500	社 債 発 行 費	7,500

利息法による償却の問題だが，この問題では利払日が年2回あるとともに決算日と一致していない。そこで，償却原価法の処理は利払日と決算整理仕訳の両方で必要になる。また，償却原価法の処理にあたって，実効利子率は年当たりであるため各利払日の計算は半年分（半分）に直す必要がある。

利息法の計算について利払日ごとに償還までの計算を示すと次のとおりとなる（実効利子の2％は，年4％の半分，クーポン利子の1％は年2％の半分である）。

	a	b＝a×2％	c＝額面×1％	d＝b－c	e＝a+d
	償却前 社債帳簿価額	実効利子 （半年分）	クーポン利子 （半年分）	償却額 （半年分）	償却後 社債帳簿価額
20X1年12月末	944,000	18,880	10,000	8,880	952,880
20X2年6月末	952,880	19,058	10,000	9,058	961,938
20X2年12月末	961,938	19,239	10,000	9,239	971,177
20X3年6月末	971,177	19,424	10,000	9,424	980,601
20X3年12月末	980,601	19,612	10,000	9,612	990,213
20X4年6月末	990,213	19,787*	10,000	9,787	1,000,000

* 最終年度の実効利子は償却後社債帳簿価額が額面と一致するように逆算している。

(2) 表の20X1年12月末の数字がそのままあてはまる。

(3) 決算日は利払日ではないため，次の利払日である20X2年6月末のところで示されている実効利子およびクーポン利子のさらに半分（3カ月分）の金額で仕訳をすることになる。

なお，(3)の社債発行費については，原則として発生時に全額を費用処理するが，繰延資産として計上した場合には社債の償還期間にわたり原則として利息法（定額法も容認）により処理する。本問では定額法の指示により次のとおり計算している。

$$30,000円 \times \frac{9カ月}{36カ月} = 7,500円$$

問題 4-3

	借　方　科　目	金　　　額	貸　方　科　目	金　　　額
(1)	当　座　預　金	4,750,000	社　　　　　債	4,750,000
(2)	社　債　利　息	25,000	当　座　預　金	25,000
	社　債　利　息	25,000	社　　　　　債	25,000
(3)	社　債　利　息	5,000	社　　　　　債	5,000
	社　　　　　債	1,935,000	当　座　預　金	2,024,000
	社　債　利　息	4,000		
	社　債　償　還　損	85,000		

買入償還を行った場合は，償却原価法について前回の処理日（一般的に定額法の場合は前回決算日，利息法の場合は前回利払日）から償還日の期間について月割計算で追加の処理を行う必要がある。また，自社が発行した社債であってもこれを買い入れた場合には，他社が発行した社債を資産として購入した場合と同様に端数利息の計算が必要である。端数利息は，特に指示がない限り前回利払日の翌日から売買当日までの日割計算で行うため，償却原価法との計算方法の違いに注意が必要である。

(3)の仕訳の計算について示すと，次のとおりとなる。

償却原価法の計算

$$(5,000,000円 - 4,750,000円) \times \frac{3 \, \text{カ月}}{60 \, \text{カ月}} \times \frac{2,000,000円}{5,000,000円} = 5,000円$$

償還時の社債の帳簿価額

発行価額：$2,000,000円 \times \dfrac{95円}{100円} = 1,900,000円$

償 却 分：$(5,000,000円 - 4,750,000円) \times \dfrac{21 \, \text{カ月}^{*1}}{60 \, \text{カ月}} \times \dfrac{2,000,000円}{5,000,000円} = 35,000円$

＊1　20X1年10月〜20X3年6月…21カ月

合　　計：1,935,000円

端数利息の計算

$$2,000,000円 \times 1 \% \times \frac{73 \, \text{日}^{*2}}{365 \, \text{日}} = 4,000円$$

＊2　4月1日〜6月12日…73日

以上の計算結果を踏まえて仕訳を行い，差額を社債償還損とする。

問題 4−4

	借　方　科　目	金　　額	貸　方　科　目	金　　額
(1)	構　　築　　物	800,000	当　座　預　金	800,000
	構　　築　　物	142,720	資 産 除 去 債 務	142,720
(2)	減 価 償 却 費	188,544	減価償却累計額	188,544
	利　息　費　用	1,427	資 産 除 去 債 務	1,427
(3)	減 価 償 却 費	188,544	減価償却累計額	188,544
	利　息　費　用	1,441	資 産 除 去 債 務	1,441
	構　　築　　物	47,116	資 産 除 去 債 務	47,116
(4)	減 価 償 却 費	204,249	減価償却累計額	204,249
	利　息　費　用	2,409	資 産 除 去 債 務	2,409
(5)	減 価 償 却 費	204,250	減価償却累計額	204,250
	利　息　費　用	2,448	資 産 除 去 債 務	2,448
	減価償却累計額	989,836	構　　築　　物	989,836
	資 産 除 去 債 務	200,000	当　座　預　金	220,000
	資 産 除 去 債 務 履 行 差 額	20,000		

解説

(1) 初年度の資産除去債務は，$150,000円 \div 1.01^5 \fallingdotseq 142,720円$と計算できる。

(2) 利息費用は期首時点の資産除去債務に割引率を掛け合わせて計算する。

　　資産除去債務　$142,720円 \times 1 \% \fallingdotseq 1,427円$

(3) 見積りの変更によって増加する場合の割引率は，元の割引率ではなく増加時の割引率を用いる。したがって，増加する資産除去債務は次のとおり計算される。

　　$50,000円 \div 1.02^3 \fallingdotseq 47,116円$

(4) 減価償却費について，(3)で構築物の帳簿価額が増加した分は関連する有形固定資産の残存期間で償却する。

　　（取得価額800,000円＋当初の資産除去債務相当額142,720円＋見積りの変更による資産除去債務の増加相当額47,116円－減価償却累計額377,088円）÷残存期間3年 $\fallingdotseq$ 204,249円

利息費用を計算する際の割引率は，加重平均割引率を用いる[1]。

$$1\% \times \frac{150,000円}{200,000円} + 2\% \times \frac{50,000円}{200,000円} = 1.25\%$$

決算整理直前の資産除去債務合計（142,720円＋1,427円＋1,441円＋47,116円）×1.25%≒2,409円

(5) 最終年度の利息費用および減価償却費の計算では，端数の調整を行う。

利息費用：200,000円－（142,720円＋1,427円＋1,441円＋47,116円＋2,409円＋2,439円[2]）＝2,448円

減価償却費：（800,000円＋142,720円＋47,116円）－（188,544円×2年＋204,249円×2年）＝204,250円

[1] (4)における加重平均割引率を用いた利息費用の計算は，厳密には正確な計算方法とはいえない。仮に(4)で割引率1%部分と2%部分を分けて利息を計算すると次のとおりである。

（142,720円＋1,427円＋1,441円）×1%＋47,116円×2%≒2,398円

しかし，「資産除去債務に関する会計基準の適用指針」の設例では加重平均割引率を用いて利息費用の計算を行っているため，本問の解答もこれに従っている。そして，厳密な方法で計算した場合との差異は最終年度で調整されることになる。

[2] 本問で問われていない20X5年度3月末の利息費用は次のとおり計算できる。

（142,720円＋1,427円＋1,441円＋47,116円＋2,409円）×1.25%≒2,439円

問題 4－5

	借 方 科 目	金　　額	貸 方 科 目	金　　額
(1)	機 械 装 置	300,000	当 座 預 金	300,000
(2)	機 械 装 置	9,612	資 産 除 去 債 務	9,612
	減 価 償 却 費	109,612	減価償却累計額	109,612
(3)	機 械 装 置	9,804	資 産 除 去 債 務	9,804
	減 価 償 却 費	109,804	減価償却累計額	109,804
	利 息 費 用	192	資 産 除 去 債 務	192
(4)	機 械 装 置	10,000	資 産 除 去 債 務	10,000
	減 価 償 却 費	110,000	減価償却累計額	110,000
	利 息 費 用	392	資 産 除 去 債 務	392
	資 産 除 去 債 務	30,000	当 座 預 金	30,000
	減価償却累計額	329,416	機 械 装 置	329,416

解説

資産除去債務が使用のつど発生する場合は，発生したときに関連する有形固定資産の帳簿価額を増やして減価償却をするのが原則である。ただし，簡便法としていったん資産計上したうえで，同額を同一会計期間に費用処理することも認められる。そこで，毎年の減価償却費は300,000円÷3年に各年の資産除去債務計上額を加えた額としている。なお，いずれの方法であっても，資産除去債務と有形固定資産の帳簿価額を増やす額は，割引計算した金額である。

	借 方 科 目	金 額	貸 方 科 目	金 額
(1)	建　　　　　物	2,000,000	当 座 預 金	2,000,000
	建　　　　　物	183,028	資 産 除 去 債 務	183,028
	繰 延 税 金 資 産	73,211	繰 延 税 金 負 債	73,211
(2)	減 価 償 却 費	727,676	減価償却累計額	727,676
	利 息 費 用	5,491	資 産 除 去 債 務	5,491
	繰 延 税 金 資 産	2,196	法人税等調整額	26,600
	繰 延 税 金 負 債	24,404		
(3)	減 価 償 却 費	727,676	減価償却累計額	727,676
	利 息 費 用	5,656	資 産 除 去 債 務	5,656
	繰 延 税 金 資 産	2,262	法人税等調整額	26,666
	繰 延 税 金 負 債	24,404		
(4)	減 価 償 却 費	727,676	減価償却累計額	727,676
	利 息 費 用	5,825	資 産 除 去 債 務	5,825
	減価償却累計額	2,183,028	建　　　　　物	2,183,028
	資 産 除 去 債 務	200,000	当 座 預 金	200,000
	繰 延 税 金 負 債	24,403	繰 延 税 金 資 産	77,669
	法人税等調整額	53,266		

解説

　本問では，税効果会計の処理が必要である。資産除去債務および有形固定資産の帳簿価額を増額した部分はともに一時差異に該当するため，その変動に応じて処理が必要になる。

⑴　建物を増額した分は税務上の資産に該当しないため，これに対する40％分の繰延税金負債73,211円を計上する。また，資産除去債務も税務上の負債に該当しないため，これに対する繰延税金資産73,211円を計上する。したがって，繰延税金資産と繰延税金負債が同額になり，法人税等調整額は発生しない（相殺されてゼロとなる）。なお，繰延税金資産と繰延税金負債は差異が解消するタイミングが異なることや，本問では考慮しないが本来は回収可能性の取扱いが異なるため，仕訳上は相殺せずに両建て計上する必要がある。

⑵　減価償却累計額727,676円には，資産除去債務の計上に伴う建物増額分にかかる減価償却累計額61,009円（＝183,028円÷３年）が含まれている。そこで，この40％分の繰延税金負債24,404円を取り崩す。また，資産除去債務の増加5,491円に対応する繰延税金資産2,196円を積み増す。この結果，法人税等調整額は26,600円（費用のマイナス）となる。これは，会計上は費用だが税務上は損金にならない減価償却費61,009円と利息費用5,491円に対する税金費用の調整と考えることもできる。

⑶　利息費用に関連する部分の数値が変わること以外は⑵と同じである。

⑷　撤去に伴いすべての一時差異が解消するため，累積している繰延税金資産と繰延税金負債をすべて取り崩し，差額を法人税等調整額とする。具体的には，繰延税金負債の計算は⑵および⑶と同様だが，答えは端数処理のため１円だけ取崩額を少なくしている。また，繰延税金資産については，資産除去債務の純減少は194,175円であり，この40％は77,670円となる。だが，こちらも⑶までの端数処理のため解答は１円少ない77,669円としている。

問題 5-1

(1)	○	(2)	×	(3)	×	(4)	×	(5)	○

解説

(2) 払込資本を表す株主資本は，資本金と資本準備金に区分されるのではなく，まず資本金と資本剰余金に区分される。

(3) 法定準備金のうち利益準備金は，損益取引からもたらされたものであるため，利益剰余金に属する項目として分類される。

(4) その他利益剰余金は，任意積立金と繰越利益剰余金から構成されるものであり，繰越利益剰余金の金額だけを表すものではない。

問題 5-2

①	債権者	②	会社法
③	通常	④	新株予約権
⑤	吸収	⑥	準備金
⑦	買入消却	⑧	併合
⑨	払込	⑩	申込

問題 5-3

	借 方 科 目	金 額	貸 方 科 目	金 額
(1)	資 本 準 備 金	1,500,000	資 本 金	1,500,000
(2)	その他資本剰余金	1,800,000	資 本 金	1,800,000

解説

(1) 資本準備金の資本組入れによる増資であるので，資本準備金勘定を減少させ，資本金勘定の貸方に振り替える仕訳を行う。

(2) その他資本剰余金の資本組入れによる増資であるので，その他資本剰余金勘定を減少させ，資本金勘定の貸方に振り替える仕訳を行う。

問題 5-4

	借 方 科 目	金 額	貸 方 科 目	金 額
(1)	自 己 株 式	2,160,000	当 座 預 金	2,160,000
(2)	資 本 金 その他資本剰余金	2,250,000 2,160,000	その他資本剰余金 自 己 株 式	2,250,000 2,160,000

※ （別解）なお，(2)については，次のように仕訳することもできる。

(2) （借）資 本 金 2,250,000 （貸）自 己 株 式 2,160,000
その他資本剰余金 90,000

解説

(1) 自社発行の株式を買い入れたときは，自己株式勘定を用いて仕訳する。

(2) 資本金の減少額（減資額）は，15,000,000円×（3,000株÷20,000株）＝2,250,000円と計算する。

問題 5−5

借 方 科 目	金 額	貸 方 科 目	金 額
資 本 金	4,800,000	その他資本剰余金	4,800,000
その他資本剰余金	4,500,000	繰越利益剰余金	4,500,000

※ （別解）なお，次のように仕訳することもできる。

（借）資 本 金 4,800,000 （貸）繰越利益剰余金 4,500,000
その他資本剰余金 300,000

解説

株式併合後の発行済株式数は40,000株×（4株÷5株）＝32,000株であり，株式併合による発行済株式の減少数は40,000株−32,000株＝8,000株となる。したがって，資本金の減少額（減資額）は，24,000,000円×（8,000株÷40,000株）＝4,800,000円と計算する。

問題 5−6

(1)	0円	(2)	40,000円	(3)	20,000円

解説

(1) 基準資本金額は2,500,000円，準備金総額は2,550,000円であり，「準備金総額≧基準資本金額」であるので，利益準備金の計上は必要ない。

(2) 基準資本金額は2,500,000円，準備金総額は2,450,000円であり，「準備金総額＜基準資本金額」である。また，準備金計上限度額は50,000円，その他利益剰余金の配当額の10分の1は40,000円であるので，少ないほうの40,000円が利益準備金の計上額となる。

(3) 基準資本金額は2,500,000円，準備金総額は2,480,000円であり，「準備金総額＜基準資本金額」である。また，準備金計上限度額は20,000円，その他利益剰余金の配当額の10分の1は40,000円であるので，少ないほうの20,000円が利益準備金の計上額となる。

問題 5−7

借 方 科 目	金 額	貸 方 科 目	金 額
その他資本剰余金	16,500,000	未 払 配 当 金	40,000,000
繰越利益剰余金	27,500,000	資 本 準 備 金	1,500,000
		利 益 準 備 金	2,500,000

解説

基準資本金額は12,500,000円，準備金総額は8,400,000円であり，「準備金総額＜基準資本金額」である。また，準備金計上限度額は4,100,000円，剰余金の配当額の10分の1は4,000,000円であるので，少ないほうの4,000,000円が準備金の計上額となる。

なお，その他資本剰余金の配当とその他利益剰余金の配当を併せて行う場合には，配当総額に占めるそれぞれの配当割合に応じて資本準備金の計上額と利益準備金の計上額を按分して決定する。本問では，その他資本剰余金の配当割合は15,000,000円÷40,000,000円＝0.375，その他利益剰余金の配当割合は25,000,000円÷40,000,000円＝0.625であるので，資本準備金の計上額は4,000,000円×0.375＝1,500,000円，利益準備金の計上額は4,000,000円×0.625＝2,500,000円となる。

(1)	×	(2)	×	(3)	○	(4)	×	(5)	○

解説

(1) 自己株式の取得原価には，付随費用は含めない。

(2) 自己株式の処分によって差益が生じたときは，その他資本剰余金に計上し，また自己株式の処分によって差損が生じたときは，その他資本剰余金から減額する処理を行う。

(4) 新株予約権が行使された場合の株式の交付には，新株の発行による株式の交付だけでなく，自己株式の処分による株式の交付も含まれる。

問題 5-9

	借 方 科 目	金 額	貸 方 科 目	金 額
(1)	自 己 株 式 支 払 手 数 料	1,500,000 50,000	当 座 預 金	1,550,000
(2)	当 座 預 金 その他資本剰余金	1,140,000 60,000	自 己 株 式	1,200,000
(3)	その他資本剰余金	300,000	自 己 株 式	300,000
(4)	繰越利益剰余金	150,000	その他資本剰余金	150,000

解説

(1) 買入手数料は自己株式の取得原価に算入しない。

(2) 帳簿価額（@600円）よりも低い価額（@570円）で処分しているので，自己株式処分差損が生じており，その他資本剰余金から減額する。

(3) 自己株式を消却したときは，消却した自己株式の帳簿価額をその他資本剰余金から減額する。

(4) 期首残高210,000円であったその他資本剰余金は，(2)の自己株式処分差損60,000円および(3)の自己株式消却額300,000円により，期末には150,000円の負の残高（借方残高）となっている。自己株式処分差損の発生および自己株式の消却により，その他資本剰余金の残高が負の値（借方残高）となったときは，決算日に，その他資本剰余金の負の残高をその他利益剰余金（繰越利益剰余金）から減額し，その他資本剰余金の残高をゼロとする。

問題 5-10

問1	(1)	45,000,000円	(2)	480,000,000円		
問2		0円	問3	130,000,000円	問4	130,000,000円

解説

問1 (1) のれん等調整額は，（のれん50,000,000円÷2）＋繰延資産20,000,000円＝45,000,000円と計算する。

(2) 資本等金額は，資本金400,000,000円＋資本準備金60,000,000円＋利益準備金20,000,000円＝480,000,000円と計算する。

問2 問1の解答により，「のれん等調整額＜資本等金額」であるので，分配可能額の計算にあたって，のれん等調整額にかかわる減算額を控除する必要はない。すなわち，のれん等調整額にかかわる減算額は0円となる。

問3 決算日の分配可能額は，決算日におけるその他資本剰余金50,000,000円とその他利益剰余金（任意積立金100,000,000円と繰越利益剰余金30,000,000円）の合計額から決算日における自己株式の帳簿価額50,000,000円を控除した額である。したがって，決算日の分配可能額は，50,000,000円＋（100,000,000円＋30,000,000円）－50,000,000円＝130,000,000円と計算される。

問4 X年6月30日における分配可能額は，当該時点におけるその他資本剰余金51,000,000円とその他利益剰余金（任意積立金100,000,000円と繰越利益剰余金30,000,000円）の合計額から当該時点における自己株式の帳簿価額45,000,000円および直前の決算日後における自己株式の処分価額6,000,000円を控除した額である。したがって，X年6月30日における分配可能額は，51,000,000円＋（100,000,000円＋30,000,000円）－45,000,000円－6,000,000円＝130,000,000円と計算される。

問題 5－11

	借 方 科 目	金 額	貸 方 科 目	金 額
(1)	当 座 預 金	6,000,000	新 株 予 約 権	6,000,000
(2)	新 株 予 約 権	2,400,000	資 本 金	3,200,000
	当 座 預 金	4,000,000	資 本 準 備 金	3,200,000
(3)	新 株 予 約 権	1,200,000	自 己 株 式	2,800,000
	当 座 預 金	2,000,000	その他資本剰余金	400,000
(4)	新 株 予 約 権	2,400,000	新株予約権戻入益	2,400,000

解説

(2) 権利行使に伴う払込金額は，新株予約権の行使価格の総額10,000,000円×0.4＝4,000,000円と計算する。なお，会社法では，新株発行に際して会社に払い込まれた金銭の額（権利行使された新株予約権の帳簿価額と権利行使に伴う払込金額の合計額）の2分の1の金額までは資本金とせず，資本準備金とすることを認めている。

(3) 新株予約権の権利行使にあたって自己株式を処分したときは，権利行使された新株予約権の帳簿価額と権利行使に伴う払込金額の合計額を自己株式の処分価額として，自己株式の処分にかかわる会計処理を行う。本問では，自己株式処分差益400,000円が生じているので，これをその他資本剰余金として計上する。

(4) 権利行使されず，失効した新株予約権については，その帳簿価額を新株予約権戻入益として処理する。

問題 5－12

問1

	借 方 科 目	金 額	貸 方 科 目	金 額
(1)	当 座 預 金	9,000,000	新株予約権付社債	9,000,000
(2)	社 債 利 息	200,000	新株予約権付社債	200,000
(3)	新株予約権付社債	9,200,000	資 本 金	4,600,000
			資 本 準 備 金	4,600,000

問2

	借 方 科 目	金 額	貸 方 科 目	金 額
(1)	当 座 預 金	9,000,000	社 債	8,000,000
			新 株 予 約 権	1,000,000
(2)	社 債 利 息	400,000	社 債	400,000
(3)	社 債	8,400,000	資 本 金	4,700,000
	新 株 予 約 権	1,000,000	資 本 準 備 金	4,700,000

解説

問1 一括法では，通常の社債（普通社債）と同じように会計処理を行う。なお，新株予約権付社債という科目の代わりに，社債という科目を用いることもできる。

問2 (1) 区分法では，新株予約権付社債の発行に伴う払込金額を社債の対価部分と新株予約権の対価部分に区分して仕訳する。

(2) 社債の額面総額10,000,000円と社債の発行時の帳簿価額8,000,000円の差額2,000,000円について，償却原価法の処理が行われる。

問題 5-13

	借　方　科　目	金　　　額	貸　方　科　目	金　　　額
問1	株式報酬費用	6,000,000	新株予約権	6,000,000
問2	株式報酬費用	2,000,000	新株予約権	2,000,000

[解説]
問1　株式報酬費用＝10名×200個×@4,000円×（9カ月÷12カ月）＝6,000,000円
問2　株式報酬費用＝10名×200個×@4,000円×（3カ月÷12カ月）＝2,000,000円

第6章 損益会計

問題 6-1

	正誤	理　　由
(1)	×	製造工業の場合の売上原価は，当期に販売された製品等の製造原価を表す。
(2)	×	為替差損益は，損益計算書の営業外収益または営業外費用に計上される。
(3)	○	
(4)	×	その他有価証券評価差額金は，発生時には投資のリスクから解放されていないので，純利益には計上せず，純資産の部に直接計上する。
(5)	○	

	正誤	理　　由
(1)	○	
(2)	×	引当金の繰入額のように，将来の費用を当期の収益と対応させるために，当期の費用として繰上計上したものもある。
(3)	×	有価証券や固定資産の売却損益のような営業外損益や特別損益の項目は，通常，純額での表示が要求される。
(4)	○	
(5)	×	新株の発行は企業の株主との直接的な取引（資本取引）なので，これによる資産の増加は収益に該当しない。

解説

(1) たとえば，前期以前に生じたその他有価証券評価差額金が，当期中に投資のリスクから解放され，当期の純利益に組替調整される場合などが考えられる。

問題 6-3

(1)	8,000千円
(2)	6,000千円

解説

(1) 純利益　8,000千円＝①60,000千円－②52,000千円

(2) 包括利益　6,000千円＝純利益8,000千円－③5,000千円＋④3,000千円

問題 6-4

(1)	8,000千円
(2)	10,000千円

解説

(1) 純利益と包括利益の関係に基づき，包括利益から純利益を逆算する。

純利益＝包括利益10,000千円－③5,000千円＋④3,000千円＝8,000千円

(2) 包括利益とは，特定期間における純資産の変動額（資本取引による部分を除く）と定義されることから，この定義に基づいて先に包括利益を計算する。

包括利益＝②80,000千円－①64,000千円－⑤10,000千円＋⑥4,000千円＝10,000千円

問題 7-1

A	履行義務	B	取引価格	C	サービス	D	便益
E	変動対価	F	金融要素	G	一時点	H	一定の期間
I	進捗度	J	顧客との契約から生じた債権			K	契約資産
L	契約負債						

問題 7-2

(1)	×	リース契約の貸手については，収益認識基準等ではなくリース会計基準が適用される。
(2)	○	
(3)	×	顧客に支払われる対価には，B社のように当社の顧客から商品を購入する他の当事者に対する支払いも含む。
(4)	×	消費税は顧客に支払われる対価ではないが，第三者のために回収する額として取引価格には含まず収益計上はしない。
(5)	×	取引価格が確定する前でも，変動対価として見積った最頻値や期待値を基礎にして，履行義務を充足した部分の収益を認識しなければならない。

解説

(1) 収益認識基準等は顧客との取引から生じた収益の包括的な会計基準ではあるが，他に会計基準が定められているリース取引などは適用除外となっている。なお，工事契約については収益認識基準等が適用され，従来あった工事契約に関する会計基準は廃止されている。

(2) 顧客に支払われる対価について，すべて取引価格から減額されるわけではなく，実務上も慎重な判断が求められることがあり，留意が必要である。

(3) 顧客に支払われる対価は，当社にとっての直接の顧客への支払いに限定されない。前問(2)の顧客から受領する別個のサービスの対価である場合を除き，B社のような者への支払いも顧客に支払われる対価として収益から減額する必要がある。

(4) 顧客に支払われる対価ではなくても，顧客から受け取った消費税相当分は仮払消費税と相殺のうえで税額を計算して納付するものである。そして，消費税を負担する（最終）消費者から国等に代わり回収するものであるため，第三者のために回収する額として収益計上はしない。

(5) 解答のとおり。

(1)	○	
(2)	×	顧客が法的所有権を有していることは，支配の移転を判断する指標の1つにすぎず，他の条件から支配の移転を判断できれば収益を認識する。
(3)	○	
(4)	×	契約資産について変動対価の見積りにもとづき計上した場合には，期末において見直しが必要である。
(5)	×	1つの契約から生じた契約資産と契約負債は相殺するが，複数の契約から生じた場合には同一顧客であっても相殺しない。

解説

(1) この制作途中のソフトウェアは顧客のコンピュータ上で制作されているため，制作途中でも顧客の支配下にある。そこで，収益認識に関する会計基準の第38項(2)（『検定簿記講義1級』上巻第7章図表7－1の(2)）「企業が顧客との契約における義務を履行することにより，資産が生じる又は資産の価値が増加し，当該資産が生じる又は当該資産の価値が増加するにつれて，顧客が当該資産を支配すること」に該当し，一定の期間にわたり充足される履行義務に該当する。仮に当社のもとで制作している場合には，第38項(3)の要件を満たす必要がある。

(2) たとえば，割賦販売では商品の法的所有権を売手に留保したままではあるが，他の判断指標から支配が顧客に移転したものと判断できれば収益認識を行う。

(3) 契約資産と顧客との契約から生じた債権のどちらを計上するかは，一時点で充足される履行義務と一定の期間にわたり充足される履行義務の判定とは切り放し，権利が無条件かどうかで判断する。そのため，契約等により進捗の途中でも顧客から定められた期日に対価を受け取ることができる場合には，顧客との契約から生じた債権に該当する。

(4) 変動対価にもとづき計上された契約資産は，期末において変動対価の見直しにより金額が変動することがある。この取扱いは，顧客との契約から生じた債権も同様である。

(5) 1つの契約から生じた権利と義務は相互依存的であるため，契約資産と契約負債は純額で計上する。しかし，同一顧客であっても別々の契約から生じた権利（契約資産）と義務（契約負債）は，相互依存するものではないため，相殺して表示はしない。

問題 7-4

①	当社は引き渡した電卓の500,000円について収益を認識すべきである。

家電量販店は電卓だけ先に受け取り，それを店頭に並べて自分の顧客へ販売することができるため，単独で便益を享受できる。また，電卓と電子辞書は組み合わせることはなく相互依存性も高くなく，区別して識別できる。よって，電卓と電子辞書は別個の財であり，それぞれの引渡しは別個の履行義務となるため，電卓を引き渡した時にその分だけ収益を認識する。

②	当社は機械の10,000千円について収益を認識すべきでない。

顧客は据付けが完了するまで機械を利用できないため，機械単独で便益を享受することができない。また，据付サービスは当社しか行うことができないことから，機械の販売と据付サービスは相互依存性が高く，区別して識別すべきものではない。そこで，機械の販売と据付サービスは合わせて1つの履行義務であり，据付けが完了するまでは履行義務を充足したとはいえないため，収益を認識できない。

問題 7-5

顧客の土地に建物を建設する契約は，一般的に一定の期間にわたり充足される履行義務に該当する。顧客との契約における義務である建物の建設が進むことにより，仕掛中の建物の価値が増加する。そして，当該仕掛中の建物が顧客の土地の上に建てられているならば，完成引渡し前であっても顧客は他の企業が使用を指図して便益を享受することを妨げる能力を有するなど支配を獲得しているといえる。よって，完成引渡し前でも工事が進んだ部分までの履行義務は充足するといえる。

問題 7-6

契約資産と顧客との契約から生じた債権は，ともに顧客との契約において企業が顧客に移転した財又はサービスと交換に受け取る対価に対する権利を表している。この違いは，権利が無条件か否かである。権利が無条件とは，当該対価を受け取る期限が到来する前に必要とされるものが時の経過のみであるものをいう。また，顧客との契約から生じた債権は金銭債権であるのに対し，契約資産は必ずしも金銭債権そのものというわけではない。具体的には，契約資産の会計処理は金銭債権に準ずるものの金銭債権では必要な時価の注記が不要という違いがある。

第8章

収益認識②：個別論点

問題 8-1

（単位：千円）

	借　方　科　目	金　　額	貸　方　科　目	金　　額
①	売　掛　金	100,000	売　　　上	100,000
②	売　掛　金	500,000	売　　　上	500,000
③	売　　　上	60,000	返　金　負　債	60,000

　指示にあるとおり，期中はリベートを考慮せず仕訳を行い，決算整理にて変動対価の調整を行う。また，3月末時点ではリベートが確定していないため，返金負債で処理する。

問題 8-2

（単位：千円）

借　方　科　目	金　　額	貸　方　科　目	金　　額
売　　掛　　金	660,000	売　　　　　上	600,000
		仮　受　消　費　税	60,000
売　　上　　割　戻	120,000	返　金　負　債	120,000

　問題文の指示に従い，売上はいったん変動対価を考慮せず契約額による仕訳を行う。そして，変動対価の影響を調整するための仕訳を別に行う。

　また，この解答では，売上を控除する際の勘定科目として売上割戻を用いているが，売上勘定を用いることもある。売上割戻勘定を使った場合でも，損益計算書では売上高から直接控除して表示する。

　リベートについては，消費税を含む売上の2割（132,000千円）を将来に支払うとしても，3月時点ではリベートにともなう仮受消費税の減額が確定していない。そこで，リベートの消費税は確定時に調整を行うという指示を踏まえ，返金負債は税抜額としている。

問題 8-3

（単位：千円）

	借　方　科　目	金　　額	貸　方　科　目	金　　額
①	売　　掛　　金	20,000	売　　　　　上	20,000
②	売　　掛　　金	60,000	売　　　　　上	54,000
			返　金　負　債	6,000
	売　　　　　上	2,000	返　金　負　債	2,000
③	売　　掛　　金	30,000	売　　　　　上	27,000
			返　金　負　債	3,000
	返　金　負　債	11,000	売　　掛　　金	11,000

　②ではリベートの条件が達成される可能性が高いため，2月中の売上について変動対価（リベートである1割）を反映させて売上を計上する。1月分の売上についても，問題文の指示から条件が達成される可能性を反映させるための修正仕訳を行う。

　③では1～3月中の売上合計が110,000千円となり，リベート条件の達成が確定する。このとき，リベートとして支払う金額も確定するため，返金負債を未払金へ振り替えることも考えられる。だが，3月売上30,000千円に対して4月に受け取る金額はリベート11,000千円を差し引いた19,000千円となるため，問題文の指示に従い返金負債（または未払金）の累計額を売掛金と相殺する。

（単位：千円）

	借　方　科　目	金　　額	貸　方　科　目	金　　額
①	売　　掛　　金	200,000	売　　　　　上	140,000
			返　金　負　債	60,000
	売　上　原　価	84,000	商　　　　　品	120,000
	返　品　資　産	36,000		
②	返　金　負　債	60,000	普　通　預　金	60,000
	商　　　　　品	36,000	返　品　資　産	36,000

解説

　　返品が見込まれる場合は変動対価として取り扱うとともに，返品資産は帳簿価額から回収費用（本問では
ない）を控除して計上する。また，返品資産は手元の商品とも区別して処理をする。

	借　方　科　目	金　　額	貸　方　科　目	金　　額
①	売　　掛　　金	500,000	売　　　　　上	500,000
②	普　通　預　金	490,000	売　　掛　　金	500,000
	売　　　　　上	10,000		
③	仕　　　　　入	500,000	買　　掛　　金	500,000
④	買　　掛　　金	500,000	普　通　預　金	490,000
			仕　入　割　引	10,000

解説

　　④の貸方の仕入割引勘定は，仕入や期末商品から控除することなく，損益計算書の営業外収益として表示
する。

（単位：千円）

	借　方　科　目	金　　額	貸　方　科　目	金　　額
①	売　　掛　　金	5,000	売　　　　　上	4,500
			契　約　負　債	500
	製品保証引当金繰入	80	製品保証引当金	80
②	製品保証引当金	80	材　　料　　費	30
			労　　務　　費	50
③	契　約　負　債	250	営　業　収　益	250
	営　業　原　価	85	材　　料　　費	30
			労　　務　　費	55

解説

　　①の対価5,000千円は，製品の販売の履行義務と保証の履行義務へ独立販売価格で按分し，販売時は製品
部分の対価のみを収益とする。保証については問題文から1年分は合意された仕様に従っていることの保証
のため，別個の履行義務とはせず，引当金の要件を満たしていれば引当金計上を行う。そして，残り2年分
は履行義務となる。

　　②の合意された仕様に従っていることの保証で実際に発生した費用は，販売時（または販売年度の期末）

に計上した引当金を充当して処理する。それに対し，③の履行義務として認識した部分の保証に関連して実際に発生した費用は，履行義務の充足により認識した収益に対応させて計上する必要がある。

　保証の履行義務の充足による収益は，問題文の指示に従い，時間の経過に応じて第3期と第4期に収益として計上する。この保証部分は，対価の受け取りから履行義務の充足までの時間が長いため，本来は重要な金融要素を含んでいるとも考えられるが，本問では問題を簡略にするために金利を認識しないこととしている。

　また，本問では製品販売の収益を売上勘定，保証の履行義務の充足による収益を営業収益としたが，勘定科目は実態に応じて企業が判断する。試験では，問題文の指示や解答欄などから判断する。

問題 8−7

借 方 科 目	金　　額	貸 方 科 目	金　　額
現　　　　　金	130,000	手 数 料 収 入	30,000
		買　　掛　　金	100,000

解説

　形式上は，当社が商品を仕入れて顧客へ販売している。だが，当社には販売価格の決定権（販売価格の裁量権）はなく，かつ売れ残りの商品の所有権は仕入先にあり在庫リスクを負わない。また，仕入れた商品の所有権は瞬時に顧客へ移るため，顧客への提供前に商品を支配しているとはいえない。そこで，この取引は代理人取引に該当し，顧客から受け取る額（130,000円）から他の当事者である仕入先に支払う額（100,000円）を控除した金額を収益とする。この解答では，収益の勘定科目について，実質的には代理人として販売する場所やレジ等を提供したことによる収益とみなして手数料収入勘定を使用している。（代理人取引に該当するかも含めて判断してもらうため問題文では勘定科目の指定を避けたが，試験では問題文等から適切な勘定科目を判断する必要がある。）

問題 8−8

	借 方 科 目	金　　額	貸 方 科 目	金　　額
①	現　　　　　金	240,000	売　　　　　上	240,000
	仕　　　　　入	200,000	買　　掛　　金	200,000
②	売　　　　　上	200,000	仕　　　　　入	200,000

解説

　企業内部の経営管理目的で，販売総額を記録している場合や，消費税の課税売上割合を把握するためには，売上と仕入を相殺しない仕訳をいったん行う必要がある。また，ここでは相殺後の収益を売上のままとする仕訳を示している。勘定科目は企業の判断で適切なものを使うため，問題8−7でも記載のとおり試験では問題文等の指示に従うことになる。

問題 8−9

	借 方 科 目	金　　額	貸 方 科 目	金　　額
①	積　送　品	100,000	仕　　　　　入	100,000
②	積 送 売 掛 金	162,000	積 送 品 売 上	180,000
	支 払 手 数 料	18,000		
	仕　　　　　入	100,000	積　　送　　品	100,000

解説

　商品の売上にかかる収益は小売業者へ送った時ではなく，小売業者が販売した時に計上する。手数料につ

28

いては収益認識基準等において取引価格から控除する規定がないため，独立した費用とする。また，商品については，問題文の指示から小売業者へ送った時に仕入勘定とは分けるために積送品勘定へ振り替え，販売された時に積送品勘定から仕入勘定へ戻す。

受託者に対する債権を表す積送売掛金勘定は，委託販売勘定を用いることもある。

なお，上記②の受託者が販売した商品原価を仕入勘定へ戻すタイミングは販売のつどではなく，決算で一括して行うことがある。また，商品有高帳（在庫管理システム）等で在庫の所在を管理し，そもそも①で発送時に積送品勘定へ振り替えないこともある。

問題 8−10

	借 方 科 目	金 額	貸 方 科 目	金 額
①	試 用 品	120,000	仕 入	120,000
②	売 掛 金	150,000	試 用 品 売 上	150,000
	仕 入	90,000	試 用 品	90,000
③	仕 入	30,000	試 用 品	30,000

解説

試用販売では，顧客へ商品を送った時（顧客が受け取った時）ではなく，買取意思が表示された時などに売上を計上する。試用品について仕入勘定の商品と区別する場合には試用品勘定を用いる。

②の買取意思表示がされた商品の原価と③の返品された商品の原価は同じ仕訳ではあるが，仮に③の商品が期末まで残っている場合は，仕入勘定から繰越商品勘定へ振り替えられ売上原価からは除かれることになる。また，返送された商品を再販売できない場合や，価格を下げて販売する場合は，必要に応じて費用を計上する。

問題 8−11

	借 方 科 目	金 額	貸 方 科 目	金 額
①	売 掛 金	465,320	割 賦 売 上	465,320
②	売 掛 金	1,163	受 取 利 息	1,163
	普 通 預 金	20,000	売 掛 金	20,000
③	売 掛 金	1,116	受 取 利 息	1,116
	普 通 預 金	20,000	売 掛 金	20,000

解説

販売時の収益は，重要な金融要素を調整して金利部分を除いた金額で計上する。通常は現金販売価格となる。また，金利部分は償却原価法（利息法）により処理するが，具体的には債権額×実効金利を利息として計上するとともに，債権金額を同額だけ増加させる。この考え方については，姉妹書の検定簿記講義下巻第1章の金融商品会計，もしくは負債（社債）ではあるが上巻第4章の負債会計を確認してもらいたい。

②の受取利息は次のとおり計算される。

売掛金465,320円×0.25％＝1,163円

②の取引後の売掛金は446,483円（＝465,320円＋1,163円−20,000円）となるため，③の受取利息は次のとおり計算される。

売掛金446,483円×0.25％＝1,116円

（単位：百万円）

	借　方　科　目	金　　　額	貸　方　科　目	金　　　額
①	完成工事未収入金	800	完　成　工　事　高	800
②	完成工事未収入金	880	完　成　工　事　高	880
③	完成工事未収入金	440	完　成　工　事　高	440

解説

① 進捗度 2 km/10km＝20％より，4,000百万円×20％＝800百万円

② 進捗度440百万円/2,000百万円＝22％より，4,000百万円×22％＝880百万円

③ 「第 1 期の収益は計上する」という文言から収益を計上しない簡便法を適用せず原価回収基準により処理する。見積った工事原価総額は受注額を下回ることから費用は回収することが見込まれるため，原価回収基準により発生した原価と同額の440百万円

②のように，見積工事原価総額のうち実際に発生した原価の割合を進捗度とする方法は原価比例方式とよばれる。工事原価総額を見積ることができれば原価比例方式（または他の進捗度）を用いて収益計上すべきであるが，本問は 3 つの方法の比較のために③の原価回収基準も確認した。

問題 8-13

（単位：百万円）

	借　方　科　目	金　　　額	貸　方　科　目	金　　　額
①	仕訳なし			
②	完成工事未収入金	1,500	完　成　工　事　高	1,500
③	完成工事未収入金	2,500	完　成　工　事　高	2,500
④	完成工事未収入金	1,000	完　成　工　事　高	1,000

解説

第 1 期は契約の初期段階で収益認識を行わない簡便法を用いるため，収益認識の仕訳は不要となる。第 3 期では見積りの変更を考慮して進捗度の見積りを行う。また，第 4 期は見積原価総額と実際の総額との差異が生じているが，完成年度であるため，残りの収益だけを計上する。

第 2 期以降の収益の金額は次のとおりである。第 4 期までの原価総額3,600百万円は見積り変更後の原価総額3,500百万円を超えているが，進捗度が100％を上回ることはない。そこで，第 4 期は残りの1,000百万円を収益とする。

② $5,000百万円 \times \dfrac{400百万円＋500百万円}{3,000百万円} ＝1,500百万円$

③ $5,000百万円 \times \dfrac{400百万円＋500百万円＋1,900百万円}{3,500百万円} －1,500百万円＝2,500百万円$

④ $5,000百万円－1,500百万円－2,500百万円＝1,000百万円$

なお，第 1 期に発生した原価400百万円は損益計算書の費用として計上せず，未成工事支出金として資産に計上する。そして，第 2 期の完成工事原価は発生原価500百万円だけでなく，第 1 期の未成工事支出金400百万円の振替分の合計900百万円となる。

（単位：百万円）

	借方科目	金額	貸方科目	金額
①	完成工事未収入金	250	完成工事高	250
②	完成工事未収入金	350	完成工事高	350
③	完成工事未収入金 工事損失引当金繰入	200 10	完成工事高 工事損失引当金	200 10

解説

第1期

$$受注額1,000百万円 \times \frac{発生工事原価200百万円}{見積工事原価総額800百万円} = 250百万円$$

第2期

$$進捗度 \quad \frac{発生工事原価累計（200百万円 + 340百万円）}{見積工事原価総額900百万円} = 60\%$$

収益　受注額1,000百万円 × 60% − 第1期収益250百万円 = 350百万円

第3期

$$進捗度 \quad \frac{発生工事原価累計（200百万円 + 340百万円 + 300百万円）}{見積工事原価総額1,050百万円} = 80\%$$

収益　受注額1,000百万円 × 80% − 第1・2期収益合計600百万円 = 200百万円

また，第3期の工事損失引当金は，これまでに計上された損益の合計と赤字見積額の差額となる。

計上された損益合計　第1期〜第3期収益合計800百万円 − 第1期〜第3期発生工事原価合計840百万円
　　　　= △40百万円

赤字見積額　受注額1,000百万円 − 見積工事原価総額1,050百万円 = △50百万円

赤字見積額50百万円に対し，計上された損益合計は40百万円（赤字）のため，不足する10百万円が工事損失引当金となる。工事損失引当金繰入（費用）は売上原価（特に建設業では完成工事原価）に含めるため，借方を完成工事原価とすることもある。

	借方科目	金額	貸方科目	金額
①	現金	1,000,000	発行商品券	1,000,000
②	発行商品券	300,000	売上	300,000
③	発行商品券	15,789	売上	15,789

解説

問題文より第10期末の未利用残高は，顧客により行使されない非行使部分について企業が将来において権利を得ると見込む部分となる。そこで，50,000円について各期の商品券の利用見込みパターンに応じて収益として認識する。

発行した商品券の勘定科目は，他社が発行した商品券と区別するために「発行商品券」としている。ただ単に「商品券」とする場合や「契約負債」,「前受金」などを用いることもある。

③では，第10期の期末に未利用となり，それ以降も利用されないと見込まれる残高について，各期の利用パターンに応じて次のとおり収益としている。

$$第10期末未利用残高50,000円 \times \frac{第1期利用300,000円}{10期間の利用見込合計950,000円} = 15,789円$$

（単位：千円）

	借 方 科 目	金 額	貸 方 科 目	金 額
①	契 約 資 産	500	売 上	500
②	契 約 資 産	400	売 上	400

解説

　既存の A 商品と B 商品の販売契約に C 商品を追加したため，この契約変更は別個の財の追加による契約範囲の拡大である。そこで，独立販売価格に適切な調整を加えた金額が増額されたかにより処理が異なる。

　①は C 商品の独立販売価格500千円に対して450千円しか増額されていない理由として，新たな販売費負担がないことによるものとされている。そこで，独立販売価格に適切な調整を加えた金額が増額されたといえるため（「収益認識に関する会計基準」第124項参照），C 商品の販売は独立した契約として処理する。すなわち，B 商品に配分された履行義務の金額は変更せず，500千円のままとなる（C 商品の取引対価は450千円）。

　それに対し，②は A・B 商品から得られる利益も考慮のうえで300千円の増額に留まっている。つまり，独立販売価格に適切な調整を加えた金額ではなく，既存契約の販売価格も考慮した増額であるため，既存の契約を解約して新しい契約を締結したものと仮定する。もっとも，契約変更は新たな事実および状況に基づくものといえるため，過去に認識した別個の財又はサービスに係る収益を修正するのは適切ではない（「収益認識に関する会計基準」第125項前半参照）。そこで，すでに収益を認識した A 商品の1,000千円には影響させず，元の契約のうちまだ収益を認識していない500千円と追加契約で増額した300千円の合計800千円で，B 商品と C 商品を販売する契約を新たに締結したものとして取り扱う。そして，800千円を B 商品と C 商品の独立販売価格で按分すると，B 商品の履行義務を充足した時の収益は400千円（C 商品も同額の400千円）となる。

（単位：百万円）

	借 方 科 目	金 額	貸 方 科 目	金 額
①	完 成 工 事 未 収 入 金	25	完 成 工 事 高	25
②	完 成 工 事 未 収 入 金	650	完 成 工 事 高	650

解説

　問題文の最後のなお書きより，間取りの変更は移転した財と別個のものではなく，契約変更日において部分的に充足されている単一の履行義務の一部を構成する場合に該当する。すなわち，間取りを変更する契約変更は，すでに第1期に履行義務を充足した20%部分を含む既存契約の一部と仮定する。進捗度と取引価格を修正する結果として過去に認識した収益の修正も生じるが，この累積的な影響額は契約変更日に修正する。

　①は契約変更で生じた進捗度と取引価格の修正について，過去に認識した収益の累積的影響額を調整する。

第1期の収益　$1,000百万円 \times \dfrac{180百万円}{600百万円} = 300百万円$

契約変更後の収益　$1,300百万円 \times \dfrac{180百万円}{720百万円} = 325百万円$

累積的影響額　$325百万円 - 300百万円 = 25百万円$

②は変更後の進捗度と取引価格に基づき，第2期の工事進捗による収益を計算する。

$1,300百万円 \times \dfrac{180百万円 + 360百万円}{720百万円} - 325百万円 = 650百万円$

第9章
税効果会計

問題 9-1

	正誤	理　　由
(1)	×	貸借対照表では，繰延税金資産の純額は投資その他の資産の区分に表示する。
(2)	○	
(3)	○	
(4)	×	わが国の会計基準では，税効果会計の方法は，原則として，資産負債法によることとされている。
(5)	×	税務上の繰越欠損金等については，将来減算一時差異に準ずるものとして税効果会計を適用し，繰延税金資産を計上する。

問題 9-2

課 税 所 得	8,800千円

解説

　下記の算式に基づき，税引前当期純利益に資料中の申告調整事項を加算または減算し，課税所得を求める。なお，その他有価証券の評価差額については，企業会計上と課税所得計算上とで帰属年度が一致しているため，申告調整は行われない。

　課税所得＝税引前当期純利益＋（益金算入項目＋損金不算入項目）−（益金不算入項目＋損金算入項目）

			（単位：千円）
税引前当期純利益			10,000
退職給付引当金損金不算入額	（損金不算入）	（加算）	3,000
賞与引当金認容	（損 金 算 入）	（減算）	800
受取配当金益金不算入額	（益金不算入）	（減算）	500
特別償却準備金積立額	（損 金 算 入）	（減算）	2,000
棚卸資産評価損認容	（損 金 算 入）	（減算）	1,200
交際費損金算入限度超過額	（損金不算入）	（加算）	300
課税所得			8,800

問題 9-3

	借 方 科 目	金　　額	貸 方 科 目	金　　額
X1期末	繰 延 税 金 資 産	64,000	法人税等調整額	64,000
X2期末	繰 延 税 金 資 産	64,000	法人税等調整額	64,000
X3期末	法人税等調整額	128,000	繰 延 税 金 資 産	128,000

　会計上の耐用年数が税務上の法定耐用年数より短いため，固定資産の会計上の簿価が税務上の簿価よりも急激に減少し，X1期末およびX2期末に将来減算一時差異が160千円ずつ発生するので，各期末にこれらについての繰延税金資産を64千円（＝将来減算一時差異160千円×0.4）ずつ計上する。

　その後，X3期末に固定資産が処分され，会計上の簿価と税務上の簿価はともにゼロとなるので，その時点での将来減算一時差異の残高320千円がすべて解消する。それに伴い，繰延税金資産の残高128千円を全額取り崩す。

(単位：千円)

	X1期首	X1期末	X2期末	X3期末
税務上の簿価	1,200	960	720	0
会計上の簿価	1,200	800	400	0
将来減算一時差異	0	160	320	0
繰延税金資産	0	64	128	0
法人税等調整額	0	64	64	▲128

問題 9-4

借 方 科 目	金 額	貸 方 科 目	金 額
繰 延 税 金 資 産	500,000	法人税等調整額	500,000

解説

前期末の繰延税金資産＝将来減算一時差異等25,000千円×0.4＝10,000千円

前期末の繰延税金負債＝将来加算一時差異2,500千円×0.4＝1,000千円

前期末の繰延税金資産の純額＝10,000千円－1,000千円＝9,000千円

当期末の繰延税金資産＝（将来減算一時差異等29,000千円－繰越欠損金の回収不能分8,000千円）×0.5
　　　　　　　　　　＝10,500千円

当期末の繰延税金負債＝将来加算一時差異2,000千円×0.5＝1,000千円

当期末の繰延税金資産の純額＝10,500千円－1,000千円＝9,500千円

法人税等調整額＝当期末の繰延税金資産の純額－前期末の繰延税金資産の純額
　　　　　　　＝9,500千円－9,000千円＝500千円

問題 9-5

	借 方 科 目	金 額	貸 方 科 目	金 額
(1)	仮 払 法 人 税 等	300,000	現 金	300,000
(2)	法人税，住民税及び事業税	680,000	仮 払 法 人 税 等 未 払 法 人 税 等	300,000 380,000
(3)	法人税等調整額	80,000	繰 延 税 金 資 産	80,000
(4)	未 払 法 人 税 等	380,000	現 金	380,000

(2) 当期の会計上と税務上の差異に関する資料から申告調整事項を識別し，問題9－2と同じ要領で課税所得を求める。

（単位：千円）

			税引前当期純利益	2,000
①	棚卸資産評価損認容	（損金算入）	（減算）	300
②	貸倒引当金認容	（損金算入）	（減算）	400
③	貸倒引当金損金算入限度超過額	（損金不算入）	（加算）	500
④	交際費損金算入限度超過額	（損金不算入）	（加算）	100
⑤	受取配当金益金不算入額	（益金不算入）	（減算）	200
	課税所得			1,700

当期の法人税等の額は，課税所得1,700千円に法定実効税率40％を乗じて，680千円と算定される。

(3) 当期の会計上と税務上の差異に関する資料から，税効果会計の対象となる一時差異等を把握する。その結果，下記の表のとおり，当期末の将来減算一時差異は500千円と算定される。なお，④交際費損金算入限度超過額と⑤受取配当金益金不算入額は永久差異であり，税効果会計の対象とはならない。

（単位：千円）

	前期末	当期解消	当期発生	当期末
将来減算一時差異				
棚卸資産評価損	300	①▲300	0	0
貸倒引当金損金算入限度超過額	400	②▲400	③500	500
合計	700	▲700	500	500

当期末の繰延税金資産は，当期末の将来減算一時差異500千円に法定実効税率40％を乗じて，200千円と算定される。よって，前期末の繰延税金資産280千円からの減少額80千円を法人税等調整額として計上する。

第10章　財務諸表

問題 10－1

(a)	⑤	(b)	⑦	(c)	③	(d)	⑥
(e)	⑧	(f)	②	(g)	①	(h)	⑪

問題 10－2

(a)	会計方針	(b)	後発事象	(c)	継続企業	(d)	賃貸等不動産

(1) 財務諸表の作成にあたって採用した会計処理の原則および手続を会計方針という。重要な会計方針に関する情報は，財務諸表の理解可能性や比較可能性を確保するうえで不可欠な情報と考えられることから，その注記が求められている（企業会計基準第24号「会計方針の開示，会計上の変更及び誤謬の訂正に関する会計基準」第4項(1)，第4－4項ないし第4－6項および第44－2項を参照）。

(2) 決算日後に発生した事象で，次期以降の財政状態および経営成績に影響を及ぼすものを後発事象という。重要な後発事象に関する情報は，企業の将来の財政状態および経営成績を理解するための有用な補足情報といえることから，その注記が求められている（「企業会計原則注解」注1－3，財務諸表等規則第8条の4などを参照）。

(3) 企業が将来にわたって事業活動を継続するという前提を継続企業の前提という。決算日において，継続企業の前提に重要な疑義を生じさせる事象または状況が存在する場合であって，当該事象または状況を解消（もしくは改善）するための対応をしてもなお継続企業の前提に関する重要な不確実性が認められるときは，次の事項について注記しなければならない。

① 当該事象または状況が存在する旨およびその内容

② 当該事象または状況を解消し，または改善するための対応策

③ 当該重要な不確実性が認められる旨およびその内容

④ 当該重要な不確実性の影響を財務諸表に反映しているか否かの別

なお，決算日後において，継続企業の前提に関する重要な不確実性が認められなくなった場合には，上記の事項に関する注記は要しない（財務諸表等規則第8条の27を参照）。

(4) 棚卸資産に分類されている不動産以外のものであって，賃貸収益またはキャピタル・ゲインの獲得を目的として保有されている不動産（ファイナンス・リース取引の貸手における不動産を除く）を賃貸等不動産という。賃貸等不動産（貸借対照表において投資不動産として区分されている不動産，将来の使用が見込まれていない遊休不動産，およびこれら以外で賃貸されている不動産）については，次の事項を注記しなければならない。

① 賃貸等不動産の概要

② 賃貸等不動産の貸借対照表計上額および期中における主な変動

③ 賃貸等不動産の当期末における時価およびその算定方法

④ 賃貸等不動産に関する損益

なお，賃貸等不動産の総額に重要性が乏しい場合には，その注記を省略することができる（企業会計基準第20号「賃貸等不動産の時価等の開示に関する会計基準」第4項(2)，第5項，第8項などを参照）。

精　算　表　　　　　　　　　　　　　（単位：千円）

勘 定 科 目	残高試算表		整理記入		損益計算書		貸借対照表	
	借方	貸方	借方	貸方	借方	貸方	借方	貸方
現　　　　　金	2,830			450			2,380	
当 座 預 金	2,500		100 300				2,900	
受 取 手 形	1,800						1,800	
売 　 掛 　 金	2,700			300			2,400	
繰 越 商 品	500		400	500			400	
建　　　　　物	8,000		6,000				14,000	
土　　　　　地	10,000						10,000	
建 設 仮 勘 定	6,000			6,000				
支 払 手 形		1,000	200					800
買 　 掛 　 金		1,200						1,200
借 　 入 　 金		2,500						2,500
貸 倒 引 当 金		20		64				84
減価償却累計額		1,080		460				1,540
資 　 本 　 金		16,000						16,000
利 益 準 備 金		2,500						2,500
別 途 積 立 金		2,800						2,800
繰越利益剰余金		5,550						5,550
売　　　　　上		7,500				7,500		
仕 　 　 　 入	3,870		500	400	3,970			
諸 　 費 　 用	1,400				1,400			
支 払 利 息	550				550			
	40,150	40,150						
従 業 員 貸 付 金			150				150	
貸倒引当金繰入			64		64			
減 価 償 却 費			460		460			
法人税, 住民税及び事業税			316		316			
未 払 法 人 税 等				316				316
当 期 純 利 益					740			740
			8,490	8,490	7,500	7,500	34,030	34,030

決算整理仕訳（仕訳単位：千円）は，次のとおりである。

(1) （借）従 業 員 貸 付 金　　150　（貸）現　　　　　　金　　450
　　　当 座 預 金　　100
　　　支 払 手 形　　200

(2) （借）当 座 預 金　　300　（貸）売　　掛　　金　　300

(3) （借）貸倒引当金繰入　　64　（貸）貸 倒 引 当 金　　64

売掛金：試算表上の残高2,700千円 − 当座預金振込回収額300千円 = 2,400千円

貸倒引当金設定額：（受取手形1,800千円 + 売掛金2,400千円）× 0.02 = 84千円

当期繰入額：84千円 − 20千円 = 64千円

(4) （借）仕　　　　　　入　　500　（貸）繰 越 商 品　　500
　　（借）繰 越 商 品　　400　（貸）仕　　　　　　入　　400

期末の棚卸数量は500個で，その原価は400千円（= 500個 × 800円）である。

(5) （借）建　　　　　　物　　6,000　（貸）建 設 仮 勘 定　　6,000
　　（借）減 価 償 却 費　　460　（貸）減価償却累計額　　460

減価償却費：（8,000千円 − 800千円）÷ 20年 = 360千円

$$（6,000千円 − 600千円）÷ 27年 × \frac{6 \, カ月}{12 \, カ月} = 100千円$$

(6) （借）法人税, 住民税及び事業税　　316　（貸）未 払 法 人 税 等　　316

問題 10−4

②

① 資産の分類にあたっては，まず正常営業循環基準を適用し，次いで正常な営業循環の過程から離脱している項目に対して1年基準を適用する。

③ 重要性の乏しい経過勘定項目（未払費用・前受収益）や引当金を計上しないことは認められる。

④ ガス事業や電気事業を営む企業のような固定資産の重要性が高い企業においては，固定性配列法を採用する。

問題 10−5

(1) 科目別控除方式

貸 借 対 照 表　　　　　（単位：円）

流動資産			
………………		×××	
売掛金	2,000,000		
貸倒引当金	60,000	1,940,000	
短期貸付金	1,000,000		
貸倒引当金	20,000	980,000	

(2) 一括控除方式

貸 借 対 照 表 （単位：円）

流動資産			
…………	×××		
売掛金	2,000,000		
短期貸付金	1,000,000		
…………	×××		
貸倒引当金	△80,000		

(3) 科目別注記方式

貸 借 対 照 表 （単位：円）

流動資産			
…………	×××		
売掛金	1,940,000^(注1)		
短期貸付金	980,000^(注2)		
…………	×××		

（注１） 売掛金期末残高は，貸倒見積額60,000円を控除したあとの金額である。

（注２） 短期貸付金期末残高は，貸倒見積額20,000円を控除したあとの金額である。

(4) 一括注記方式

貸 借 対 照 表 （単位：円）

流動資産			
…………	×××		
売掛金	1,940,000^(注)		
短期貸付金	980,000^(注)		
…………	×××		

（注） 売掛金および短期貸付金の期末残高は，貸倒見積額80,000円を控除した後の金額である。

解説

「財務諸表等規則」第20条を参照のこと。

問題 10-6

1	(D)	2	(H)	3	(C)	4	(I)	5	(F)
6	(H)	7	(C)	8	(B)	9	(E)	10	(G)
11	(A)	12	(F)	13	(I)	14	(A)		

解説

「財務諸表等規則」様式第５号を参照のこと。

問1		20,660千円	問2		10,368千円
問3	法人税等調整額				4,170千円
	税引後当期純利益				14,462千円

問4

貸 借 対 照 表 （単位：千円）

資 産 の 部			負 債 の 部	
I 流動資産			I 流動負債	
現金預金		（ 41,800）	買 掛 金	20,000
売 掛 金	（ 30,000）		未払法人税等	（ 10,368）
貸倒引当金	（ 600）	（ 29,400）	II 固定負債	
有価証券		52,000	長期借入金	39,000
商 品		（ 14,800）	負債合計	（ 69,368）
流動資産合計		（ 138,000）	純 資 産 の 部	
II 固定資産			I 株主資本	
(1) 有形固定資産			(1) 資本金	101,000
建 物	78,000		(2) 利益剰余金	
減価償却累計額	15,600	62,400	別途積立金	20,200
(2) 投資その他の資産			繰越利益剰余金	（ 20,602）
長期貸付金	（ 15,000）		株主資本合計	（ 141,802）
貸倒引当金	（ 12,000）	（ 3,000）	純資産合計	（ 141,802）
繰延税金資産		（ 7,770）		
固定資産合計		（ 73,170）		
資産合計		（ 211,170）	負債・純資産合計	（ 211,170）

解説 （仕訳単位：千円）

I 未処理の決算整理事項

1. 当座預金に関する処理

銀 行 勘 定 調 整 表 （単位：千円）

帳簿残高		5,300	銀行の証明書残高		10,100
売掛金の回収	＋	3,000	未取付小切手	－	2,000
水道光熱費引落し	－	200			
		8,100			8,100

（借） 現 金 預 金	2,800	（貸） 売 掛 金	3,000
税引前当期純利益 （水 道 光 熱 費）	200		

2. 当座預金へ振り込まれた売掛金3,000千円について修正処理が必要となる。60千円（＝3,000千円×2％）を貸倒引当金から減額する。

（借） 貸 倒 引 当 金	60	（貸） 税引前当期純利益 （貸倒引当金繰入）	60

また，長期貸付金15,000千円に対する貸倒引当金の設定が未処理となっているので，貸倒引当金12,000千円を計上する。

（借） 税引前当期純利益 （貸倒引当金繰入）	12,000	（貸） 貸 倒 引 当 金	12,000

3. 商品評価損を計上する。

（借） 税引前当期純利益 （商 品 評 価 損）	200	（貸） 商 品	200

以上から，決算整理事項（未処理分）を処理したあとの税引前当期純利益は20,660千円となる。

$$20,660千円＝33,000千円－200千円（水道光熱費）＋60千円（貸倒引当金繰入）$$
$$－12,000千円（貸倒引当金繰入）－200千円（商品評価損）$$

Ⅱ　法人税等に関する事項

　税引前当期純利益20,660千円を基礎にして課税所得を計算し，法人税，住民税及び事業税の納付額を計算する。

　会計上の費用額が法人税法上の損金額を超える場合，課税所得の計算においては，その超額額を損金に算入することが認められないので，税引前当期純利益に加算する。また，過年度の損金不算入額が当年度に損金となった場合には，その金額を税引前当期純利益から減算する。

法人税，住民税及び事業税の納付額の計算　　　（単位：千円）

税引前当期純利益	20,660
加算：貸倒引当金の繰入限度超過額	12,600
商品評価損の損金不算入額	200
減価償却費の損金算入限度超過額	1,500
減算：過年度の商品評価損の損金算入額	400
課税所得	34,560
法人税，住民税及び事業税の納付額（実効税率30%）	10,368

　法人税等の納付額10,368千円を計上するとともに，未払法人税等を計上する。

　　　（借）　法人税，住民税及び事業税　　　10,368　（貸）　未 払 法 人 税 等　　　10,368

　上記の仕訳によって，税引前当期純利益20,660千円に対し，法人税，住民税及び事業税10,368千円が計上される。ただし，法人税，住民税及び事業税の実効税率は30%なので，税引前当期純利益20,660千円に対応する法人税，住民税及び事業税の金額は6,198千円（＝20,660千円×0.3）である。実際の法人税，住民税及び事業税の納付額10,368千円と実効税率による法人税，住民税及び事業税の金額6,198千円との差額4,170千円は，法人税等調整額として処理される。この金額は，将来減算一時差異の増加によって生じたものである。

将来減算一時差異の当期増減表　　　　（単位：千円）

	20X4年度期首	減　少	増　加	20X4年度期末
貸倒引当金の損金不算入額	0	0	12,600	12,600
商品評価損の損金不算入額	400	400	200	200
減価償却費の損金算入限度超過額	11,600	0	1,500	13,100
	12,000	400	14,300	25,900

　前述の課税所得の計算において税引前当期純利益に加算された項目は，将来の課税所得を減少させることになるので，将来減算一時差異と呼ばれる。この将来減算一時差異に対応する法人税等の金額を法人税等調整額として処理するとともに，繰延税金資産として計上する。

　なお，期末時点では，将来減算一時差異25,900千円が生じており，これに係る法人税等調整額と繰延税金資産の金額は7,770千円（＝25,900千円×0.3）となる。ただし，期首時点において繰延税金資産3,600千円（＝12,000千円×0.3）がすでに計上されていることから，当期は差額4,170千円について処理する。結局，将来減算一時差異の当期増加額13,900千円（25,900千円－12,000千円）に30%を乗じて算定される4,170千円が，繰延税金資産として計上されるとともに，法人税，住民税及び事業税を調整する金額となる。

　　　（借）　繰 延 税 金 資 産　　　4,170　（貸）　法人税等調整額　　　4,170

　ちなみに，繰延税金資産は，貸借対照表上，固定資産の投資その他の資産の区分において表示される。

　最後に，損益計算書の法人税等の表示に関する部分を示すと，下記のようになる。法人税，住民税及び事

業税の金額は税引前当期純利益の30%となり，税効果会計の目的が理解されよう。なお，本問では永久差異がないので，税引前当期純利益と法人税，住民税及び事業税の金額を合理的に対応させることが可能であった。しかし，ほとんどの場合には永久差異があるので，税効果会計を適用しても，法人税，住民税及び事業税の金額は税引前当期純利益の30%とはならない。

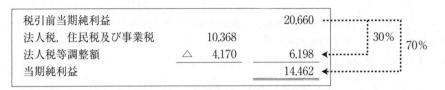

税引前当期純利益		20,660
法人税，住民税及び事業税	10,368	
法人税等調整額	△ 4,170	6,198
当期純利益		14,462

問題 10−8

問1

①	営業	②	売上高	③	売上原価
④	経常	⑤	営業外収益	⑥	営業外費用
⑦	純	⑧	特別利益	⑨	特別損失
⑩	税引前当期純	⑪	法人税，住民税及び事業税	⑫	法人税等調整額

問2

a	3	b	3	c	4	d	5	e	5
f	6	g	3	h	7	i	4	j	7

問題 10−9

イ 棚卸減耗損　ロ 商品評価損　ハ 受取配当金

(単位：千円)

① 11,500　② 23,500　③ 600　④ 56,780　⑤ 12,220　⑥ 140　⑦ 2,500

⑧ 2,400　⑨ 1,580　⑩ 80　⑪ 860

[解説] (単位：千円)

(1)	(借)	仕　　　　　入	11,500	(貸)	繰　越　商　品	11,500
	(借)	繰　越　商　品	22,600	(貸)	仕　　　　　入	23,500
		棚　卸　減　耗　損	600			
		商　品　評　価　損	300			
(2)	(借)	貸倒引当金繰入	140	(貸)	貸　倒　引　当　金	140

貸倒引当金設定額：売掛金8,000千円×0.03＝240千円

当期繰入額：240千円−100千円＝140千円

(3)	(借)	退　職　給　付　費　用	2,500	(貸)	退　職　給　付　引　当　金	2,500
	(借)	退　職　給　付　引　当　金	1,000	(貸)	仮　　払　　金	1,000
(4)	(借)	減　価　償　却　費	2,400	(貸)	減　価　償　却　累　計　額	2,400

減価償却費：$(10,000千円 - 1,000千円) \times \dfrac{4}{15} = 2,400千円$

株主資本等変動計算書
（単位：百万円）

株主資本

資本金

当期首残高	25,000
当期変動額	
新株の発行	750
当期変動額合計	750
当期末残高	25,750

資本剰余金

資本準備金

当期首残高	1,000
当期変動額	
新株の発行	750
剰余金の配当に伴う積立て	100
当期変動額合計	850
当期末残高	1,850

その他資本剰余金

当期首残高	2,300
当期変動額	
剰余金の配当	△1,000
資本準備金の積立て	△100
自己株式の処分	100
当期変動額合計	△1,000
当期末残高	1,300

資本剰余金合計

当期首残高	3,300
当期変動額	△150
当期末残高	3,150

利益剰余金

利益準備金

当期首残高	1,500
当期変動額	
剰余金の配当に伴う積立て	200
当期変動額合計	200
当期末残高	1,700

その他利益剰余金

別途積立金

当期首残高	8,000
当期変動額	0
当期末残高	8,000

繰越利益剰余金

当期首残高	10,200
当期変動額	
剰余金の配当	△2,000
利益準備金の積立て	△200
当期純利益	1,800
当期変動額合計	△400
当期末残高	9,800

利益剰余金合計

当期首残高	19,700
当期変動額	△200
当期末残高	19,500

自己株式

当期首残高	△1,200
当期変動額	
自己株式の処分	1,000
当期変動額合計	1,000
当期末残高	△200

株主資本合計

当期首残高	46,800
当期変動額	1,400
当期末残高	48,200

評価・換算差額等

その他有価証券評価差額金

当期首残高	2,700
当期変動額（純額）	300
当期末残高	3,000

評価・換算差額等の合計

当期首残高	2,700
当期変動額	300
当期末残高	3,000

純資産合計

当期首残高	49,500
当期変動額	1,700
当期末残高	51,200

問題 10-11

株主資本等変動計算書　　　　　　　　　　　　（単位：千円）

	株主資本										評価・換算差額等		株式引受権	新株予約権	純資産合計
	資本金	資本剰余金			利益剰余金				自己株式	株主資本合計	その他有価証券評価差額金	評価・換算差額等合計			
		資本準備金	その他資本剰余金	資本剰余金合計	利益準備金	その他利益剰余金		利益剰余金合計							
						別途積立金	繰越利益剰余金								
当期首残高	5,000	200	100	300	250	150	600	1,000	△100	6,200	120	120	100	150	6,570
当期変動額															
新株の発行	250	250		250						500					500
剰余金の配当		5	△55	△50	10		△110	△100		△150					△150
当期純利益							200	200		200					200
自己株式の取得									△50	△50					△50
株主資本以外の項目の当期変動額（純額）											50	50		△100	△50
当期変動額合計	250	255	△55	200	10	–	90	100	△50	500	50	50	－	△100	450
当期末残高	5,250	455	45	500	260	150	690	1,100	△150	6,700	170	170	100	50	7,020

問題 10-12

キャッシュ・フロー計算書（直接法）

20X2年度　　　　　　　　（単位：千円）

Ⅰ	営業活動によるキャッシュ・フロー	
	営業収入	（　　29,700）
	商品の仕入支出	（　△14,900）
	人件費支出	（　△5,500）
	その他の営業支出	（　△2,267）
	小　計	（　　7,033）
	（　　利息及び配当金　　）の受取額	（　　　200）
	利息の支払額	（　△150）
	（　　法人税等　　）の支払額	（　△1,893）
	営業活動によるキャッシュ・フロー	（　　5,190）
Ⅱ	投資活動によるキャッシュ・フロー	
	有形固定資産（土地）の売却による収入	（　　6,000）
	有形固定資産（備品）の取得による支出	（　△2,000）
	投資活動によるキャッシュ・フロー	（　　4,000）
Ⅲ	財務活動によるキャッシュ・フロー	
	短期借入れによる収入	（　　　400）
	社債の償還による支出	（　△5,000）
	配当金の支払額	（　△1,500）
	財務活動によるキャッシュ・フロー	（　△6,100）
Ⅳ	現金及び現金同等物の増加額	（　　3,090）
Ⅴ	現金及び現金同等物期首残高	（　　3,420）
Ⅵ	現金及び現金同等物期末残高	（　　6,510）

キャッシュ・フロー計算書（間接法）

20X2年度 （単位：千円）

I 営業活動によるキャッシュ・フロー

税引前当期純利益	（ 5,233）	
減価償却費	（ 2,400）	
有形固定資産（土地）の売却益	（ △1,000）	
受取利息及び配当金	（ △200）	
支払利息	（ 300）	
売上債権の減少額	（ 1,700）	
棚卸資産の減少額	（ 1,300）	
仕入債務の減少額	（ △2,700）	
小　計	（ 7,033）	
（　　利息及び配当金　　）の受取額	（ 200）	
利息の支払額	（ △150）	
（　　　法人税等　　　）の支払額	（ △1,893）	
営業活動によるキャッシュ・フロー	（ 5,190）	

解説

1 直接法によるキャッシュ・フロー計算書の作成

(1) 営業収入の計算

売上高28,000千円＋売掛金の減少額1,700千円＝29,700千円

(2) 商品の仕入支出の計算

売上原価13,500千円＋買掛金の減少額2,700千円－商品の減少額1,300千円＝14,900千円

(3) 人件費支出

損益計算書上の人件費5,500千円

(4) 利息の支払額

支払利息300千円－未払利息の増加額150千円＝150千円

(5) 法人税等の支払額

法人税，住民税及び事業税2,093千円－未払法人税等の増加額200千円＝1,893千円

2 間接法によるキャッシュ・フロー計算書の作成

(1) 非資金損益項目

支出（キャッシュ・フローの減少）の伴わない減価償却費2,400千円を税引前当期純利益に加算する。

(2) 営業活動とのかかわりがない損益項目

土地売却益1,000千円　　　　　→　　　　　税引前当期純利益から減算

受取利息及び配当金200千円　→　　　　　税引前当期純利益から減算

支払利息300千円　　　　　　　→　　　　　税引前当期純利益に加算

(3) 営業活動に係る債権・債務と棚卸資産

売掛金の減少額1,700千円　　　→　　　　　税引前当期純利益に加算

商品の減少額1,300千円　　　　→　　　　　税引前当期純利益に加算

買掛金の減少額2,700千円　　　→　　　　　税引前当期純利益から減算

(4) 小計から下の項目については，直接法と同様にして求める。

(1) 直接法によるキャッシュ・フロー計算書上の金額

① 営業収入　　　（　　　　19,290千円）

② 商品の仕入支出　（　　　　11,800千円）

③ 人件費支出　　　（　　　　1,050千円）

(2) 間接法によるキャッシュ・フロー計算書の「営業活動によるキャッシュ・フロー」の区分

（単位：千円）

Ⅰ　営業活動によるキャッシュ・フロー

税引前当期純利益	（　　4,183）
減価償却費	（　　250）
投資有価証券評価損	（　　100）
固定資産除却損	（　　2,250）
貸倒引当金の増加額	（　　10）
退職給付引当金の増加額	（　　150）
受取利息及び配当金	（　　△120）
支払利息	（　　200）
投資有価証券売却益	（　　△200）
売上債権の増加額	（　　△500）
棚卸資産の増加額	（　　△100）
仕入債務の減少額	（　　△500）
未払給料の増加額	（　　150）
小　計	（　　5,873）
利息及び配当金の受取額	（　　160）
利息の支払額	（　　△160）
法人税等の支払額	（　　△1,873）
営業活動によるキャッシュ・フロー	（　　4,000）

【解説】

(1) 直接法によるキャッシュ・フロー計算書

① 営業収入

売上高19,790千円＋売掛金の減少額500千円－受取手形の増加額1,000千円＝19,290千円

② 商品の仕入支出

売上原価11,200千円＋買掛金の減少額500千円＋商品の増加額100千円＝11,800千円

③ 人件費支出

人件費1,200千円－未払給料の増加額150千円＝1,050千円

(2) 間接法によるキャッシュ・フロー計算書

① 非資金損益項目

支出（キャッシュ・フローの減少）の伴わない損益項目（減価償却費250千円，貸倒引当金繰入10千円，退職給付費用150千円，投資有価証券評価損100千円および固定資産除却損2,250千円）を税引前当期純利益に加算する。

② 営業活動とのかかわりがない損益項目

受取利息及び配当金120千円　→　　　税引前当期純利益から減算

支払利息200千円　→　　　税引前当期純利益に加算

投資有価証券売却益200千円　→　　　税引前当期純利益から減算

③ 営業活動に係る債権・債務と棚卸資産

売上債権の増加額500千円　→　　　税引前当期純利益から減算

棚卸資産の増加額100千円　→　　　税引前当期純利益から減算

仕入債務の減少額500千円　　→　　税引前当期純利益から減算

未払給料の増加額150千円　　→　　税引前当期純利益に加算

④　利息及び配当金の受取額

受取利息及び配当金120千円＋未収利息の減少額40千円＝160千円

⑤　利息の支払額

支払利息200千円－未払利息の増加額40千円＝160千円

⑥　法人税等の支払額

法人税等1,673千円＋未払法人税等の減少額200千円＝1,873千円

第11章 総合問題

問題 11−1

(1)	1,200	(2)	特別	(3)	当期純
(4)	減耗	(5)	収益	(6)	880
(7)	市場販売	(8)	14,000	(9)	8,000

解説

(6)　取替更新に要した費用を収益的支出とする。

@11千円×80本＝880千円

(8)　$30,000千円 \times \dfrac{2,800個}{6,000個} = 14,000千円$

(9)　生産高比例法による償却額（30,000千円－14,000千円）$\times \dfrac{1,000個}{2,500個} = 6,400千円$は，定額償却額（30,000千円－14,000千円）÷2年＝8,000千円を下回っているので，X2年度の減価償却費は，定額償却額8,000千円となる。

損 益 計 算 書　　　　（単位：千円）

Ⅰ　売　上　高		（　　388,000）
Ⅱ　売 上 原 価		
1　期首商品棚卸高	（　　50,000）	
2　当期商品仕入高	（　277,000）	
合　　　計	（　327,000）	
3　期末商品棚卸高	（　　34,500）	
差　　　引	（　292,500）	
4　棚卸減耗損	（　　7,500）	（　　300,000）
売上総利益		（　　88,000）
Ⅲ　販売費及び一般管理費		
1　販　売　費	（　　30,000）	
2　一般管理費	（　　20,000）	
3　貸倒引当金繰入	（　　　960）	（　　50,960）
営業利益		（　　37,040）

解説

　　まず，本問では，売価還元法による原価率を求める必要がある。なお，売上値引は，出庫の後で事後的に付されるものであるから，原価率の計算上は，考慮しない。

　　　原価総額＝50,000千円＋277,000千円＝327,000千円

　　　売価総額＝70,000千円＋277,000千円＋88,000千円＋3,000千円−2,000千円＝436,000千円

　　　原価率＝327,000千円÷436,000千円＝0.75

　　　商品帳簿棚卸高（売価）＝436,000千円−（370,000千円＋20,000千円）＝46,000千円

　　　棚卸減耗損（売価）＝46,000千円−36,000千円＝10,000千円

　　　商品帳簿棚卸高（原価）＝46,000千円×0.75＝34,500千円

　　　棚卸減耗損（原価）＝10,000千円×0.75＝7,500千円

① 商品の売上

　　　　　（借）売　　掛　　金　　20,000　（貸）売　　　　　　　上　　20,000

② 商品の棚卸し

　　　　　（借）仕　　　　　　入　　50,000　（貸）繰　越　商　品　　50,000

　　　　　（借）繰　越　商　品　　34,500　（貸）仕　　　　　　入　　34,500

③ 値引・減耗

　　　　　（借）棚　卸　減　耗　損　　7,500　（貸）繰　越　商　品　　7,500

　　　　　（借）売　　　　　　上　　2,000　（貸）売　上　値　引　　2,000

④ 貸倒引当金の設定

　　　　　（借）貸 倒 引 当 金 繰 入　　　960　（貸）貸 倒 引 当 金　　　960

　　貸倒引当金繰入＝売掛金残高（68,000千円＋20,000千円）×0.02−800千円＝960千円

① 減価償却費	X5年度	X6年度
建 物	1,440,383	1,530,008
機 械 装 置	1,500,000	1,200,000
備 品	243,000	243,486
車 両 運 搬 具	600,000	750,000
ソ フ ト ウ ェ ア	900,000	750,000

② 期末残高	X5年度	X6年度
建 物	6,500,000	5,480,033
機 械 装 置	6,000,000	4,800,000
備 品	729,000	485,514
車 両 運 搬 具	2,100,000	1,350,000
ソ フ ト ウ ェ ア	1,500,000	750,000
資 産 除 去 債 務	3,649,959	4,160,000
圧 縮 記 帳 積 立 金	4,000,000	3,200,000

解説

1．建物

X5年度　減価償却費 $= 13,000,000 \div 10 + 3,509,576 \times 0.04 = 1,440,383$

建物期末残高 $= 13,000,000 - (5,200,000 + 1,300,000) = 6,500,000$

資産除去債務期末残高 $= 3,509,576 \times 1.04 = 3,649,959$

X6年度　資産除去債務期首残高（修正前）$= 3,509,576 \times 1.04 = 3,649,959$

資産除去債務期首残高（修正後）$= 4,866,612 \div 1.04^5 = 4,000,000$

建物帳簿価額修正額 $=$ 資産除去債務修正額 $= 4,000,000 - 3,649,959 = 350,041$

減価償却費 $= ((13,000,000 - 13,000,000 \times 5$ 年$/10$年$) + 350,041) \div 5$ 年 $+ 4,000,000 \times 0.04$
$= 1,530,008$

建物期末残高 $= 13,000,000 + 350,041 - (5,200,000 + 1,300,000 + 1,370,008) = 5,480,033$

資産除去債務期末残高 $= 4,000,000 \times 1.04 = 4,160,000$

2．機械装置

X5年度　減価償却費 $= 7,500,000 \times 1/10 \times 200\% = 1,500,000$

機械装置期末残高 $= 7,500,000 - 1,500,000 = 6,000,000$

圧縮記帳積立金取崩額 $= 5,000,000 \times 1/10 \times 200\% = 1,000,000$

圧縮記帳積立金期末残高 $= 5,000,000 - 1,000,000 = 4,000,000$

X6年度　減価償却費 $= (7,500,000 - 1,500,000) \times 1/10 \times 200\% = 1,200,000$

機械装置期末残高 $= 7,500,000 - (1,500,000 + 1,200,000) = 4,800,000$

圧縮記帳積立金取崩額 $= (5,000,000 - 1,000,000) \times 1/10 \times 200\% = 800,000$

圧縮記帳積立金期末残高 $= 5,000,000 - (1,000,000 + 800,000) = 3,200,000$

3．備品

償却保証額 $= 3,072,000 \times 0.07909 = 242,964$

X5年度　減価償却費 $= (3,072,000 - 2,100,000) \times 1/8 \times 200\% = 243,000 (> 242,964)$

備品期末残高 $= 3,072,000 - (2,100,000 + 243,000) = 729,000$

X6年度　減価償却費（改訂前）＝729,000×1／8×200％＝182,250（＜242,964）

減価償却費（改訂後）＝729,000×0.334＝243,486

備品期末残高＝3,072,000−（2,100,000＋243,000＋243,486）＝485,514

4．車両運搬具

X5年度　減価償却費＝3,000,000×20,000km/100,000km＝600,000

車両運搬具期末残高＝3,000,000−（300,000＋600,000）＝2,100,000

X6年度　減価償却費＝3,000,000×25,000km/100,000km＝750,000

車両運搬具期末残高＝3,000,000−（300,000＋600,000＋750,000）＝1,350,000

5．ソフトウェア

X5年度　定額償却額＝2,400,000÷3年＝800,000

減価償却費（生産高比例法）＝2,400,000×3,000個/8,000個＝900,000（＞800,000）

ソフトウェア期末残高＝2,400,000−900,000＝1,500,000

X6年度　定額償却額＝1,500,000÷2年＝750,000

減価償却費（生産高比例法）＝1,500,000×1,800個/4,000個＝675,000（＜750,000）

よって，償却額は，750,000となる。

ソフトウェア期末残高＝1,500,000−750,000＝750,000

問題 11−4

問1		2,700千円		
問2	①	3,000千円	②	820千円
問3	①	600千円	②	240千円

解説

問1　$3,600千円×\dfrac{3,000千円}{3,000千円＋1,000千円}＝2,700千円$

なお，サービスYに対して配分される取引価格は，次のとおりである。

$3,600千円×\dfrac{1,000千円}{3,000千円＋1,000千円}＝900千円$

問2　①　2,700千円＋900千円×1／3＝3,000千円

　　　②　3,000千円−（2,000千円＋540千円×1／3）＝820千円

問3　①　900千円×2／3＝600千円

　　　②　600千円−540千円×2／3＝240千円

問題 11−5

（単位：千円）

	X1年度	X2年度	X3年度
工　事　収　益	224,000	301,000	175,000
工　事　原　価	200,000	300,000	250,000
工事損失引当金繰入			10,000
工　事　損　益	24,000	1,000	△85,000
工事損失引当金残高			10,000

X1年度

$$工事収益 = 840,000千円 \times \frac{200,000千円}{750,000千円} = 224,000千円$$

X2年度

$$工事収益 = 840,000千円 \times \frac{200,000千円 + 300,000千円}{200,000千円 + 300,000千円 + 300,000千円} - 224,000千円 = 301,000千円$$

X3年度

$$工事収益 = 840,000千円 \times \frac{200,000千円 + 300,000千円 + 250,000千円}{200,000千円 + 300,000千円 + 250,000千円 + 150,000千円}$$

$$- (224,000千円 + 301,000千円) = 175,000千円$$

$$工事損失引当金繰入 = 840,000千円 \times \left(1 - \frac{200,000千円 + 300,000千円 + 250,000千円}{200,000千円 + 300,000千円 + 250,000千円 + 150,000千円} \right)$$

$$- 150,000千円 = -10,000千円$$

問題 11-6

問1

番号	借 方 科 目	金 額	貸 方 科 目	金 額
1	当 座 預 金	4,927,548	社　　　　　債	4,927,548
2	社 債 利 息	24,151	社　　　　　債	24,151
	社 債 利 息	50,000	当 座 預 金	1,050,000
	社　　　　　債	1,000,000		

問2

	X4年度	X5年度
③ 社債	3,951,461	2,970,733
④ 社債利息	73,913	59,272

解説

問1

　X4年度～X8年度における社債の期首時点での未償却残高は，それぞれ¥5,000,000，¥4,000,000，¥3,000,000，¥2,000,000，¥1,000,000であるから，定額法による場合，額面と払込金の差額（社債利息）¥5,000,000－¥4,927,548＝¥72,452は，次のように配分する。

X4年度　　$¥72,452 \times \dfrac{¥5,000,000}{¥15,000,000} = ¥24,151$

X5年度　　$¥72,452 \times \dfrac{¥4,000,000}{¥15,000,000} = ¥19,321$

X6年度　　$¥72,452 \times \dfrac{¥3,000,000}{¥15,000,000} = ¥14,490$

X7年度　　$¥72,452 \times \dfrac{¥2,000,000}{¥15,000,000} = ¥9,660$

X8年度　　$¥72,452 \times \dfrac{¥1,000,000}{¥15,000,000} = ¥4,830$

問2

利息法によって利息を配分する場合，社債の期首残高，当期の社債利息，現金支払額，社債の期末残高は，次のようになる。

	社債期首残高 (a)	社債利息 (b)＝(a)×0.015	現金支払額 (c)	社債期末残高 (a)＋(b)−(c)
X4年度	¥4,927,548	¥73,913	¥1,050,000	¥3,951,461
X5年度	¥3,951,461	¥59,272	¥1,040,000	¥2,970,733
X6年度	¥2,970,733	¥44,561	¥1,030,000	¥1,985,294
X7年度	¥1,985,294	¥29,779	¥1,020,000	¥995,073
X8年度	¥995,073	¥14,927*	¥1,010,000	¥0

＊ 端数調整を含む。

問題 11-7

(1)	移転	(2)	対価	(3)	契約
(4)	履行	(5)	独立販売価格	(6)	純資産
(7)	剰余金	(8)	準備金	(9)	自己
(10)	控除	(11)	換算	(12)	引受
(13)	見積り	(14)	6,400	(15)	30,400

解説

(1)〜(5)については，「収益認識に関する会計基準」を参照。

(6)〜(12)については，「純資産の部の表示に関する会計基準」および「自己株式及び準備金の額の減少等に関する会計基準」を参照。

(13)〜(15)については，「会計方針の開示，会計上の変更及び誤謬の訂正に関する会計基準」を参照。

(14) 前年度末残高＝120,000千円−(120,000千円×5年/25年)＝96,000千円

　　当年度減価償却費＝96,000千円÷15年＝6,400千円

(15) 当年度末減価償却累計額＝120,000千円×5年/25年＋6,400千円＝30,400千円

問題 11-8

貸　借　対　照　表

X7年3月31日（X6年度末）現在　　（単位：千円）

純資産の部

Ⅰ　株 主 資 本

　1．資　本　金　　　　　　　　　　　　　（　　817,250）

　2．資本剰余金

　　　資本準備金　　　　　（　　117,250）

　　　その他資本剰余金　　（　　　　　0）　（　　117,250）

　3．利益剰余金

　　　利益準備金　　　　　（　　61,800）

　　　その他利益剰余金　　（　　153,200）　（　　215,000）

　4．自 己 株 式　　　　　　　　　　　　（　−4,000）

　　　株主資本合計　　　　　　　　　　　　（　1,145,500）

Ⅱ　（　新株予約権　）　　　　　　　　　　（　　1,400）

　　　純資産合計　　　　　　　　　　　　　（　1,146,900）

〔資料2〕の各取引について仕訳を示すと，次のとおりである。

① （借）その他利益剰余金　　11,000　（貸）当　座　預　金　　10,000
　　　　　　　　　　　　　　　　　　　　　　　　利　益　準　備　金　　 1,000

　　　配当金の支払いに伴い，その10分の1を準備金として積み立てる。③も同様。

② （借）自　己　株　式　　 8,000　（貸）当　座　預　金　　16,000
　　　　　その他資本剰余金　　 8,000

③ （借）その他利益剰余金　　 8,800　（貸）当　座　預　金　　 8,000
　　　　　　　　　　　　　　　　　　　　　　　　利　益　準　備　金　　　 800

④ （借）当　座　預　金　　38,500　（貸）自　己　株　式　　 4,000
　　　　　　　　　　　　　　　　　　　　　　　　資　　本　　金　　17,250
　　　　　　　　　　　　　　　　　　　　　　　　資　本　準　備　金　　17,250

　　　自己株式処分差損＝（@800円－@700円）×5千株＝500千円
　　　資本金等増加額＝@700円×50千株－500千円＝34,500千円
　　　　（うち，資本金としない額＝34,500千円÷2＝17,250千円）

⑤ （借）株　式　報　酬　費　用　　 1,400　（貸）新　株　予　約　権　　 1,400
　　　株式報酬費用＝@100円×（50千個－2千個－6千個）÷3年＝1,400千円

⑥ （借）損　　　　　益　　36,000　（貸）その他利益剰余金　　36,000
　　（借）その他利益剰余金　　 3,000　（貸）その他資本剰余金　　 3,000

　　　マイナスのその他資本剰余金（＝5,000千円－8,000千円＝－3,000千円）は，その他利益剰余金に振り替える。

問題 11－9

<table>
<tr><td colspan="4" align="center">貸 借 対 照 表</td><td colspan="2" align="right">（単位：千円）</td></tr>
<tr><td>現　金　預　金</td><td></td><td>（　39,732）</td><td>買　　掛　　金</td><td></td><td>（　11,000）</td></tr>
<tr><td>売　　掛　　金</td><td>（　6,000）</td><td></td><td>未 払 法 人 税 等</td><td></td><td>（　12,000）</td></tr>
<tr><td>　貸 倒 引 当 金</td><td>（　1,040）</td><td>（　4,960）</td><td>社　　　　　債</td><td></td><td>（　98,800）</td></tr>
<tr><td>電 子 記 録 債 権</td><td>（　10,000）</td><td></td><td>資 産 除 去 債 務</td><td></td><td>（　3,278）</td></tr>
<tr><td>　貸 倒 引 当 金</td><td>（　100）</td><td>（　9,900）</td><td>資　　本　　金</td><td></td><td>（　50,000）</td></tr>
<tr><td>商　　　　　品</td><td></td><td>（　7,800）</td><td>資 本 準 備 金</td><td></td><td>（　50,000）</td></tr>
<tr><td>建　　　　　物</td><td>（　93,000）</td><td></td><td>固定資産圧縮積立金</td><td></td><td>（　1,080）</td></tr>
<tr><td>　減価償却累計額</td><td>（　18,600）</td><td>（　74,400）</td><td>繰 越 利 益 剰 余 金</td><td></td><td>（　117,476）</td></tr>
<tr><td>備　　　　　品</td><td>（　15,000）</td><td></td><td></td><td></td><td></td></tr>
<tr><td>　減価償却累計額</td><td>（　9,600）</td><td>（　5,400）</td><td></td><td></td><td></td></tr>
<tr><td>土　　　　　地</td><td></td><td>（　200,000）</td><td></td><td></td><td></td></tr>
<tr><td>ソ フ ト ウ ェ ア</td><td></td><td>（　875）</td><td></td><td></td><td></td></tr>
<tr><td>繰 延 税 金 資 産</td><td></td><td>（　567）</td><td></td><td></td><td></td></tr>
<tr><td></td><td></td><td>（　343,634）</td><td></td><td></td><td>（　343,634）</td></tr>
</table>

損益計算書　　　　（単位：千円）

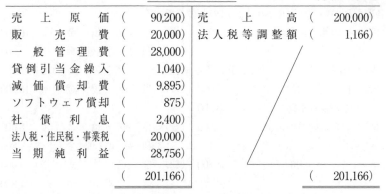

売上原価	（ 90,200）	売上高	（ 200,000）
販売費	（ 20,000）	法人税等調整額	（ 1,166）
一般管理費	（ 28,000）		
貸倒引当金繰入	（ 1,040）		
減価償却費	（ 9,895）		
ソフトウェア償却	（ 875）		
社債利息	（ 2,400）		
法人税・住民税・事業税	（ 20,000）		
当期純利益	（ 28,756）		
	（ 201,166）		（ 201,166）

繰延税金資産および繰延税金負債の発生の主な原因別の内訳の注記

	X3年3月31日現在	X4年3月31日現在
繰延税金資産		
商品評価損	－	（ 80）
未払事業税	320	（ 400）
貸倒引当金	48	（ 456）
資産除去債務	1,273	（ 1,311）
繰延税金負債		
建物	△1,040	（ △960）
固定資産圧縮積立金	△1,200	（ △720）
繰延税金資産（負債）の純額	△599	（ 567）

注　貸方金額には△を付すこと。

解説

決算整理仕訳を示すと，次のとおりである（単位：千円）。

1．（借）売上原価　　　200　（貸）商品　　　200

2．（借）貸倒引当金繰入　1,040　（貸）貸倒引当金　1,040

　　貸倒引当金 = 1,000 + (4,000 + 10,000) × 0.01 = 1,140

　　貸倒引当金繰入 = 1,140 - 100 = 1,040

3．（借）減価償却費　　6,200　（貸）建物減価償却累計額　6,200

　　減価償却費 = 93,000 ÷ 15年 = 6,200

　　取得原価93,000には，資産除去費用の現在価値（$4,674 ÷ (1.03)^{15} = 3,000$）が加算されている。

4．（借）減価償却費　　3,600　（貸）備品減価償却累計額　3,600

　　（借）固定資産圧縮積立金　720　（貸）繰越利益剰余金　720

　　償却率 $= \dfrac{1年}{5年} × 2.00 = 0.4$

　　減価償却費 = (15,000 - 6,000) × 0.4 = 3,600

　　圧縮積立金取崩額 = 1,800 × 0.4 = 720

5．（借）ソフトウェア償却　875　（貸）ソフトウェア　875

　　ソフトウェアの各年度の償却額は，定額償却額を上回っていなければならないので，残額を2年で按分する。

　　ソフトウェア償却 = 1,750 ÷ 2年 = 875

　　（＞生産高比例法による償却額 $1,750 × \dfrac{400個}{1,000個} = 700$）

6．（借）社債利息　　400　（貸）社債　　400

54

$$\text{社債利息} = 100,000 \times \frac{100-98}{100} \div 5\,\text{年} = 400$$

7．（借）減 価 償 却 費　　　　95　（貸）資 産 除 去 債 務　　　　95

利息費用（減価償却費）＝ 3,183 × 0.03 ≒ 95

8．（借）法人税・住民税・事業税　20,000　（貸）仮 払 法 人 税 等　　8,000

　　　　　　　　　　　　　　　　　　　　　未 払 法 人 税 等　12,000

9．（借）繰 延 税 金 負 債　　　599　（貸）法 人 税 等 調 整 額　　1,166

　　　　繰 延 税 金 資 産　　　567

一時差異は，それぞれの原因別に次のように求められる。

商品評価損＝ 200

未払事業税＝ 1,000

貸倒引当金＝ 1,140

資産除去債務＝ 3,278

$$\text{建物} = (93,000 - 90,000) \times \frac{12\,\text{年}}{15\,\text{年}} = 2,400$$

固定資産圧縮積立金＝ 5,000 × (1 − 0.4)² ＝ 1,800

それぞれにかかる繰延税金資産と繰延税金負債は，予定税率の0.4を乗じて求める。その結果は，解答の注記のとおりである。

法人税等調整額は，期首と期末の繰延税金資産（負債）の増減額として求められる。

法人税等調整額＝ 567 − (△599) ＝ 1,166

出題傾向に基づいた解説内容を2色刷りで
見やすくレイアウトした最新の簿記学習書

大幅リニューアルでパワーアップ！

検定
簿記講義

◆1級〜3級／全7巻◆

◇日商簿記検定試験合格へ向けた最も定番の全7巻シリーズ。

◇各級・各科目の試験に要求される知識を，出題区分表に準拠して体系的
　に整理している。

◇わかりやすい解説とともに豊富な例題・練習問題で理解が深まり，試験
　対策も行える。

◇姉妹書「検定簿記ワークブック」と連動しており，検定試験突破に向けて
　最適のテキスト。

1級　**商業簿記・会 計 学** 上巻／下巻
　　　　　　　　　渡部裕亘・片山　覚・北村敬子［編著］

　　　工業簿記・原価計算 上巻／下巻
　　　　　　　　　岡本　清・廣本敏郎［編著］

2級　**商業簿記**　渡部裕亘・片山　覚・北村敬子［編著］

　　　工業簿記　岡本　清・廣本敏郎［編著］

3級　**商業簿記**　渡部裕亘・片山　覚・北村敬子［編著］

中央経済社

INFORMATION

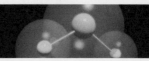

検定情報ダイヤル

日本商工会議所では，検定試験に関する様々な
お問い合わせに対応していくため，検定情報ダ
イヤルを設置しています。
試験概要，試験日程，受験料，申し込み方法、
場所等のお電話によるお問い合わせの場合は，
下記電話番号までご連絡下さい。

050-5541-8600

受付時間◆9:00～20:00（年中無休）

検定試験に役立つ情報がインターネットに満載

https://www.kentei.ne.jp

今すぐ, アクセスを!!

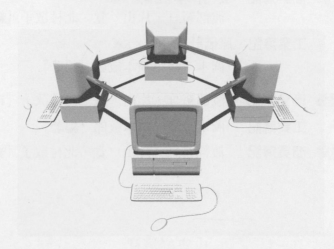